하나님의 잔소리

조민형 지음

도서출판 **밀알서원**

도서출판 **밀알서원**

밀알서원(Wheat Berry Books)은 **CLC**가 공동으로 운영하는 복음주의 출판사로서 신앙생활과 기독교문화를 위한 설교, 시, 수필, 간증, 선교, 경건 서적 등을 출판하고 있습니다.

Nags of God 1

Written by
Cho, Min Hyung

Korean Edition
Copyright © 2018 by Wheat Berry Books
Seoul, Korea

프롤로그

 신약성경을 찬찬히 읽어내려갈 때쯤 예수님께서 비유를 많이 들어 설명하셨다는 것을 발견했습니다. 아마도 듣는 사람들을 가장 빠르게 이해를 시키기 위함이셨겠죠.

 비유!
 지금 시대에는 어떤 비유가 듣는 사람들에게 쉽게 와닿을까 생각해 보기 시작했습니다.
 또한 성경뿐 아니라 일상생활 속의 여러 방법들을 통해 제게 말씀하시는 '하나님의 잔소리'를 공유하기 위해 펜을 들었습니다.
 그 잔소리가 우리 삶 속에서도 스며들어 또 다른 누군가가 우리를 통해 하나님을 발견하는 일들이 많아졌으면 좋겠습니다.

원고가 책으로 출간되기까지 많은 분들께서 도움을 주셨습니다.

첫째, 부족한 원고를 애정어린 마음으로 출간을 결정해 주신 출판사 관계자분들께 진심으로 감사의 마음을 전합니다.

둘째, 저를 어르고 달래며 지금까지 이끌어주신 담임 목사님과 신앙의 선배님들께도 감사의 마음을 전합니다.

셋째, 날마다 영적인 교제 가운데 나누었던 묵상들을 이젠 둘만이 아닌 세상에 외치라 격려해준 김성민 님께 감사를 드립니다.

무엇보다, 항상 남의 편만 드는 남편에게 은은한 디딤돌이 되어준 아내에게 고마움을 전합니다.

마지막으로, 끝이라 생각했던 순간, 그 끝에서 시작하시는 하나님께 모든 영광 드립니다.

2018년 3월

목차

*** 프롤로그 ··· 4

1. 나는 나를 모른다 ··· 10
2. 기적 ··· 13
3. 기도응답 ··· 20
4. 전력질주 ··· 26
5. 고난 ··· 29
6. 그때 ··· 32
7. 이건희 ··· 36
8. 남한 vs 북한 ··· 42
9. 공정거래 ··· 49
10. 믿음 vs 행위 1 ··· 59
11. 믿음 vs 행위 2 ··· 62
12. 구걸 ··· 67
13. 기억과 망각 ··· 70
14. 단풍 ··· 74
15. 대사관 ··· 77

16. 독 vs 우유 ··· 82
17. 자유 의지 ··· 87
18. 만족 ··· 91
19. 말씀 ··· 95
20. 목숨은 시간이다 ··· 100
21. 변화 ··· 107
22. 보다 vs 듣다 ··· 114
23. 블라인드 테스트 ··· 119
24. 사람은 쉽게 변하지 않는다 ··· 123
25. 사망원인 ··· 133
26. 안다 vs 모른다 ··· 137
27. 어제의 나와 같다면 ··· 142
28. 역전 ··· 148
29. 작품 ··· 152
30. 목표 설정 방법 ··· 158
31. 방탄소년단 ··· 165
32. 알람 ··· 170
33. 편함 ··· 176
34. 프로와 아마추어 ··· 182
35. 학생 ··· 188
36. 결단 ··· 194

하나님의 잔소리 1

✽
·
✽
·
·
✽
·
·
·
✽
·
·
·
·
✽
·
·
·
✽
·
·
✽
·
✽

✽ 일러두기: 이 책의 내용은 저자 조민형이 '하나님의 잔소리'라는 제목으로 유튜브(YouTube)에서 소개한 일련의 묵상 대본들로, 되도록 구어체의 어감을 살려서 편집하였습니다.

1. 나는 나를 모른다

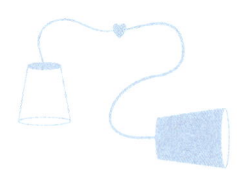

　자동차 1급 정비사가 어느 산길을 자신의 자동차로 이동하고 있었습니다. 그런데 이동 중에 차가 갑자기 이상이 생겨서 움직이지 않는 겁니다.
　본인이 자동차 1급 정비사이기에 당연히 차 보닛을 열고 이곳저곳 살피기 시작했습니다. 하지만 아무리 만져 봐도 도대체 어디가 문제인지 알 수가 없었습니다.

　때마침 우연히 그 산길을 지나던 한 노인이 그 1급 자동차 정비사에게 말을 건넸습니다.
　"제가 좀 봐드릴까요?"
　"어르신, 제가 1급 자동차 정비사인데, 저도 못 고치고 있습니다. 갈 길 가셔요."

정비사는 퉁명스럽게 대답했습니다.

그런데 그 노인은 다시 한 번 말했습니다.
"제가 좀 봐드리겠습니다."
"맘대로 해 보세요."
1급 자동차 정비사는 생각 없이 말을 던졌습니다.

그런데 노인은 차를 5분 만에 고치고서는 말했습니다.
"한번 타 보시죠."

1급 자동차 정비사는 자동차가 수리된 것을 깨닫고 너무 놀라서 물었습니다.
"당신 도대체 누구십니까?"
노인은 이렇게 대답했습니다.
"제가 그 차를 만든 헨리 포드입니다."

아무리 1급 정비사라도 그 차를 만든 사람보다 그 차를 더 잘 알 수는 없습니다. 마찬가지로 내가 날 만들지 않았다면, 나를 만든 그 누군가보다 내가 나를 잘 모르는 것이겠죠.

내가 정말 내가 가진 개성을 100% 알려면, 날 만든 그 누군가를 반드시 만나야 합니다.

성경 말씀 한 절 보겠습니다. 창세기 1장 27절입니다.

> 하나님이 자기 형상 곧 하나님의 형상대로 사람을 창조하시되 남자와 여자를 창조하시고(창 1:27).

삶이 힘겨우십니까?
마음이 무너지셨습니까?
왜 사는지 모르겠습니까?
수많은 상처와 좌절 때문에 어디로 갈지 몰라 방황하고 계십니까?

지극히 당연합니다. 나는 나를 잘 모르기 때문입니다.
하지만 나도 모르는 나의 사용설명서를, 날 만든 그분께서는 가지고 계십니다.

나를 만드시고, 나보다 나를 더 잘 아는 그분께, 오늘 이 시간 마음을 한번 쏟아보시길 바랍니다.

하나님의 잔소리였습니다.

2. 기적

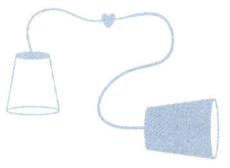

어느 날 혼자 길을 걷다가, 보도블록 오른쪽 구석에 조금 깔려 있는 흙을 봤어요.
사람이 흙을 보면 무슨 생각을 하겠습니까?

그냥 아무 생각 없이 지나치죠.
그런데, 이상하게 그날은 이런 생각이 들더라구요.

'저 흙이 없으면 사람이 살 수 있을까?'

곰곰이 생각을 해보니 불가능하더라구요.
흙이 없으면 식물이 있을 수 없고, 식물이 없으면 초식동물이 있을 수 없고, 그렇다면 육식동물도 없고, 결국 사람이 먹을 식물과 동물이 다 없는 거니까요.
또 생각해 봤습니다.
그냥 눈에 보이는 대로 닥치는 대로요.

공기가 없으면?
뭐 당연히 사람은 죽습니다.
물이 없으면?
당연히 죽죠.
나무가 없으면?
죽죠.
빛이 없으면?
죽겠죠.
빛이 없으면 먹을 것을 찾기가 굉장히 힘들겠죠.

바람이 없으면?
식물들의 씨앗이 멀리멀리 퍼질 가능성이 떨어져서 죽을 수도 있을 것 같습니다.
비가 내리지 않으면?
당연히 죽겠죠.
해가 없으면?

얼어 죽겠죠.

해가 너무 가까이 있어도 타 죽습니다. 너무 멀리 있어도 얼어 죽습니다.

해가 있다고 해도 저 위치에 없으면 죽습니다.

달이 없으면?

밀물과 썰물이 사라지고, 바닷물이 썩을 수도 있겠죠.

역시 죽습니다.

그리고 달이 너무 가까워도 파도가 육지를 덮칠 테고, 너무 멀어도 제 기능을 못하겠죠.

사람의 몸을 볼까요?

심장, 신장, 폐, 간, 혈액, 혈관, 뇌, 대장, 소장, 췌장 등등, 사람을 구성하고 있는 내장의 대부분이 그것이 없으면 죽습니다.

단 한 가지라도요!

기타 수많은 것들이 있겠지만 지금까지 언급한 것들 중에 단 한 가지라도 없으면 사람은 죽습니다.

이 모든 게 정말로 우연히 다 생겼을까요?

한 번에 뿅?

저는 그렇게 생각하지 않습니다.
창세기 1장 1절에서 말씀하십니다.

> 태초에 하나님이 천지를 창조하시니라(창 1:1).

저는 이 모든 것들이 정말 아주 우연히 전부 다 생겼다고 믿는 게 더 큰 믿음이라고 생각합니다.
역설적으로 비기독교인이 기독교인들보다 믿음이 더 크다고 표현해야 하나요? ㅎㅎ

우리가 기적을 말할 때, 일반적으로 평소에 일어나기 힘든 현상들을 기적이라고 하죠.
예를 들어, 말기암 환자가 완치가 되었다든지, 벙어리가 말하기 시작했다든지, 수많은 남자 중에 하필 저 인간이 내 남편이 된 거라든지(ㅋㅋ 농담입니다).

여튼, 평소에 보기 힘든 현상을 기적이라고 하는데요. 잘 생각해 봅시다. 평소에 보기 힘든 현상이 진짜 기적인지, 아니면 평소에 매일 체험하는 것들이 진짜 기적인지를요.

우리는 심장을 보고 신기해하지 않습니다. 하지만 심장은 배터리도 없이 단 1분도 쉬지 않고 뜁니다. 뛰라고 명령도 하지 않았는데 뜁니다.

아무리 현대의학이 발달해도 배터리 없이 뛰는 인공심장은 못 만듭니다. 우리 왼쪽 가슴 안에 있는 심장은 사실 기적입니다.

또한 우리의 눈을 보고 신기해하지 않죠. 시중에 나와 있는 카메라가 화소가 아무리 높다 하더라도 보통 1200만 화소 정도 됩니다. 하지만 우리의 눈은 1억 화소가 넘는다고 하죠!

아무리 현대기술이 발달해도, 우리 눈만큼의 화소를 따라잡는 렌즈는 못 만듭니다. 최고의 카메라로 풍경을 찍는다고 하더라도 직접 가서 한 번 보는 것만 못한 이유죠.

우리 양쪽 눈이 있다는 것이 사실 기적입니다.

삶의 여러 문제 때문에, 그 문제들이 해결되는 기적을 바라고 계십니까?

사실은 지금 우리가 가지고 있는 기적이 훨씬 많다는 뜻입니다.

하지만 마지막으로 이것들보다 더 큰 기적이 있습니다.

예를 들어보겠습니다.
우리나라 대통령님께 전화해서 매일 우리집에 와 달라고 부탁하면 오실까요?
일단 전화 통화도 안 됩니다. 연결 자체가 거의 불가능하죠. 또한 전화 연결이 된다 하더라도 못 오시겠죠. 더 직설적으로 말하면 안 오시겠죠.
나 따위를 왜 보러 오십니까?

하지만 이 모든 기적들을 창조하신 온세상의 대통령께서, 매일 나를 만나고 싶어하신다는 것은 정말로 기적 중의 기적입니다.
하지만 건방지게 우리가 튕기고 있죠….

온 세상의 대통령이 '기도'라는 직통 전화기를 주셨는데도 하루에 한 통도 안 합니다. 하도 답답해서 그 대통령이 오히려 우리집 문 앞까지 와서 문을 두드리는데 내가 뭐라고 그 문을 안 열고 또 튕기고 있죠.

> 볼찌어다 내가 문 밖에 서서 두드리노니
> 누구든지 내 음성을 듣고 문을 열면
> 내가 그에게로 들어가 그로 더불어 먹고
> 그는 나로 더불어 먹으리라(계 3:20).

정리합니다.

삶의 여러 문제들로 기적이 일어나길 소망하십니까?
세상에서 가장 큰 기적이 내 마음의 문을 두드리고 계십니다.

이상 하나님의 잔소리였습니다.

3. 기도응답

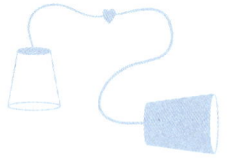

많은 분들이 오늘의 주제를 보고 눈이 커지실 것 같아요.
모든 기독교인들의 영원한 숙제죠.
'기도응답.'
기도응답엔 크게 3가지가 있는 것 같습니다.

첫째, 즉시 응답.
둘째, 나중에 응답.
셋째, 응답되지 않음.

자, 이 3가지 중에 어떤 것이 나에게 가장 유익인지 내가 알 수 있을까요?

예를 들어보겠습니다. 이해를 쉽게 하기 위해 극단적인 예를 드는 것을 이해 부탁드립니다.

첫째, 초등학생이 소풍날 비가 절대 안 오게 해달라고 기도를 했어요. 비가 오면 소풍이 취소된다고 학교에서 통보를 내렸거든요.

그런데 정말로 기도가 응답이 되어서 비가 안 왔어요. 날씨가 너무 좋아서 한 반마다 대형버스를 대절해서 소풍지로 출발을 했죠.

그런데 버스 운전기사가 졸음운전을 해서 버스가 낭떠러지로 추락했어요.

자, 기도응답이 된 것이 축복인가요?

둘째, 맘에 드는 이성과 제발 꼭 사귀게 해달라고 기도를 했어요. 정말로 기도응답이 되었는데, 꽃뱀이었던 거에요. 전 재산을 다 뜯겼습니다.

기도응답이 된 것이 정말 축복인가요?

셋째, 이번에 면접 본 회사에 꼭 취직하게 해달라고 기도했어요. 기도가 응답이 되어서 입사를 했는데, 직속 상사가 매일 심하게 괴롭혀서 우울증에 시달리고 자살충동까지 드는 지경이 되었어요.

기도응답이 된 것이 정말 축복인가요?

넷째, 결혼적령기가 지나서 올해는 제발 좀 결혼 좀 하게 해 달라고 기도했어요. 기도가 응답이 되어서 결혼했는데, 배우자가 술과 담배에 찌들어서 날마다 자신을 구타까지 하는 지경에 이르렀어요.

기도응답이 된 것이 정말 축복인가요?

인간의 이성으로는 나를 위한 진짜 기도응답이 저 3가지 중에 어떤 것인지 절대 모릅니다. 눈에 보이는 나의 현실을 위해 기도하는 것들이 진짜 나를 위한 것들이 아닐 수도 있다는 겁니다.

내년에 초등학교에 입학을 하게 될 꼬마 아이가 아빠한테 이렇게 말을 해요.

"아빠, 나 내년에 초등학교 입학인데, 연필이 필요하고, 지우개가 필요하고, 연필깎이가 필요하고, 가방이 필요하고, 공책이 필요하고, 실내화랑 실내화 주머니가 필요하고…"

뭔가 이상하지 않나요?

우리가 초등학교 입학할 때 부모님께 저런 것들 필요하니까 사달라고 부탁했나요?

저런 것들이 필요한 건지 알지도 못했죠. 하지만 우리는 초등학교를 다니면서 저런 것들이 없어서 불편하다는 생각은 전혀 하지 않았습니다.

왜일까요?

부모님이 다 알아서 사주셨기 때문입니다!

부모님이 가진 지식과 정보는 초등학생이 가진 지식과 정보하고는 차원이 다릅니다. 자녀가 말하지 않아도 부모는 이미 자녀에게 지금 시점에 어떤 것들이 최선인지를 다 압니다. 자녀만 그것을 모르고 있죠.

아빠가 퇴근을 했어요. 퇴근할 때 자녀가 좋아하는 장난감을 사 왔어요. 그 자녀는 로봇 장난감을 너무 좋아하거든요. 다른 장난감들보다 특히 로봇 장난감을 좋아하는 것을 알고 있는 아빠는 맞춤으로 로봇 장난감을 사서 퇴근을 했어요.

자 그럼 제가 문제 하나 내겠습니다.

자녀가 어떤 행동을 하면 아빠가 더 좋아할까요?

① 아빠 손에 있는 로봇 장난감을 보고 로봇 장난감을 받아서 자기 방으로 들어간다.

② 아빠 손에 있는 로봇 장난감을 보았지만, 아빠에게 뽀뽀하고 로봇보다는 아빠가 더 좋다면서 아빠하고 같이 밥을 먹는다.

정답은 몇 번일까요?

말해봤자 입만 아픕니다.

그럼 앞으로 과연 1번과 2번 중에 어떤 자녀가 더욱더 아빠의 선물을 많이 받을 수 있을까요?

사달라고 하지 않아도 2번 자녀가 좋아하는 것들을 아빠는 퇴근길에 사올 겁니다.

강아지를 예를 들어봐도 이해가 쉽겠죠.

집 문을 열면 주인 손에 있는 강아지 간식만 쳐다보고 다 먹으면 뒤돌아서는 강아지와 집 문을 열면 주인 손에 있는 강아지 간식은 보지 않고, 주인한테 안기고 싶어서 발버둥 치는 강아지 중에 주인은 과연 어떤 강아지에게 간식을 더 사주고 싶을까요?

말씀 보겠습니다. 마태복음 6장 31절~33절입니다.

> 그러므로 염려하여 이르기를 무엇을 먹을까 무엇을 마실까 무엇을 입을까 하지 말라 이는 다 이방인들이 구하는 것이라 너희 하늘 아버지께서 이 모든 것이 너희에게 있어야 할 줄을 아시느니라 그런즉 너희는 먼저 그의 나라와 그의 의를 구하라 그리하면 이 모든 것을 너희에게 더하시리라(마 6:31-33).

정리합니다.

하나님이 주시는 선물 말고, 하나님을 구하는 자녀가 더 많은 공급을 누릴 것입니다.

오늘의 하나님의 잔소리는 여기까지입니다.
감사합니다.

4. 전력질주

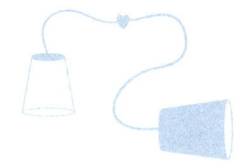

 TV 채널을 돌리다 보면, 별의별 방송들이 참 많은 것 같아요. 예전에는 SBS, KBS, MBC, EBS밖에 몰랐었는데, 요즘엔 온갖 케이블 채널들이 많아져서 뭐가 뭔지도 모르겠더라구요.

 얼마전 스포츠채널을 돌리는데 F-1 경주를 하더라구요. 시속 300km가 넘는 차들이 슝슝 지나갑니다.
 아찔하죠.
 잠깐잠깐 F-1 경주 차 안의 운전자 입장에서 보는 화면이 나오는데 정말로 한순간 방심하면 그냥 저 세상이겠구나 생각이 들더라구요.
 잠깐이라도 운전자가 달리는 트랙이 아닌 옆의 관중들을

보다간 그냥 사고나는 거죠. 옆의 관중들을 볼 틈이 전혀 없고 본다 해도 관중들이 어떻게 생겼는지 구별도 안 갑니다. 워낙 빨리 지나가니까요.

신앙생활을 하면서 같이 신앙생활을 하는 사람을 나도 모르게 판단하고 평가를 내릴 때가 있는 것 같습니다. 온갖 죄악투성이로 범벅이 된 건 나라는 것은 생각도 안 하고 남만 판단하는 거죠.
'저 사람은 교회 다니면서 왜 저러는 거야?'
이런 생각들로요(제가 이 판단이라는 죄에 많이 약해요. 저를 위해서 기도 많이 부탁드립니다).

그런데, 곰곰이 생각을 해보니 옆사람의 단점이 보인다는 것은 제가 하나님께 전속력으로 달리고 있지 않는다는 증거라는 것을 깨달았습니다.
하나님께 전속력으로 달리고 있다면 옆이 보이질 않겠죠. 다른 사람의 단점을 볼 틈이 어디 있겠습니까?
한눈팔다가 하나님의 길에서 벗어나면 내가 죽을 수 있는 마당에요!

정리합니다.

전속력으로 달리는 자동차 경주 선수는 옆의 관중들을 쳐다볼 틈이 없습니다. 마찬가지로 전속력으로 하나님께 달려가는 자는 옆사람의 단점을 쳐다볼 틈이 없습니다.

자동차 선수가 옆 관중이 보인다면 전속력으로 달리지 않는다는 것입니다. 우승은 포기해야 합니다. 마찬가지로 옆사람의 단점이 보인다면 하나님께 전속력으로 달리지 않는다는 것입니다. 영적인 승리는 포기해야 합니다.

우리 모두 믿음의 여정 끝에서 두 팔 벌려 나를 기다리시는 하나님께 전력질주합시다.

하나님의 잔소리였습니다.

5. 고난

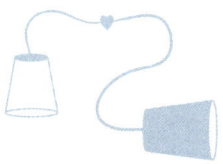

길을 가다가 자갈 하나와 다이아몬드 원석 하나를 주웠을 때 여러분이라면 둘 중 어느 것을 돈을 들여 가공하시겠습니까?

사실 물어볼 필요도 없는 질문이죠.

당연히 다이아몬드 원석일 겁니다.

그런데 이 다이아몬드 원석 자체는 그렇게 아름답지가 않습니다. 다이아몬드 원석에 장인의 섬세한 손길이 닿을 때 비로소 그 원석은 찬란한 빛을 발합니다.

다이아몬드를 가공할 때 가장 많이 쓰이는 방식은 브릴리언트 컷(brilliant cut)이라고 불리는 방식입니다. 보석의 낭비를 가장 적게, 하지만 가장 빛나게 깎는 가공 방법으로 다이아몬드를 총 58면으로 깎는다고 하네요.

이 방식으로 다이아몬드를 깎으면, 일반 빛이 다이아몬드에 들어갔다가 다시 나올 때 58면에 분산되면서 무지개색으로 나온다고 합니다.

하나님 입장에서 볼 때도, 자갈보다는 다이아몬드를 가공하시지 않을까요?

물론 하나님은 자갈도 다이아몬드로 만드실 수 있는 분이시지만요.

지금 혹시 고난 중에 있으신 분 계십니까?

그렇다면 하나님 입장에서 우리가 자갈이 아닌 다이아몬드일 수 있습니다. '가치'가 있으니까 '고난'이라는 도구로 우리를 가공하시는 거죠.

지금 우리의 모습 자체로는 완전하지 않아서, '고난'이라는 하나님의 섬세한 '세공'이 들어갈 때 비로소 찬란한 빛을 발하겠죠.

지금의 고난이 내게는 너무 버티기 힘들다고 생각되실 겁니다. 저도 사실 제 인생에서 가장 힘든 고난 가운데 있습니다.

하지만, 다이아몬드를 가장 적게 깎지만, 가장 빛나게 하는 브릴리언트 컷처럼, 하나님은 반드시 우리에게 필요한 만큼의 고난으로 우리를 가장 빛나게 하실 것을 믿습니다.

정리합니다.

고난 중에 있으십니까?
하나님도 다이아몬드만 '고난'으로 가공하십니다.

하나님의 잔소리였습니다.

6. 그때

　TV에 나오는 연예인 중에 박보검이라는 남자배우가 있습니다. 최근 '응답하라 1988'이라는 드라마로 유명세를 얻어 각종 CF를 섭렵하고 타 드라마에서 주연까지 맡는 등, 쉽게 말해서 떴습니다.

　'응답하라 1988'이라는 드라마는 2015년 11월에 방영되었지만, 사실 이 박보검이라는 배우는 2011년도에 데뷔를 했습니다.

　생각해 보았습니다.
　왜 2011년도에 데뷔했을 때에는 크게 주목받지 못하다가 데뷔 후 4년 뒤인 2015년도에 주목받게 되었을까?

이 배우가 2011년도보다 2015년도에 외모가 몇 배 이상 잘생겨져서 주목받게 된 걸까?

아니면 연기력이 데뷔 때보다 몇 배 이상 늘어서 주목받은 걸까?

제 생각에 그건 아닌 것 같습니다.

뭐든지 타이밍, 즉 때가 있는 것 같습니다. 본인의 매력이 극대화될 수 있는 작품을 만나는 그때 말이죠.

'응답하라 1988'이라는 작품으로 자신이 주목받을 것이라고는 박보검이라는 배우 스스로도 생각하지 못했을 겁니다. 그냥 주어진 작품에 최선을 다했을 뿐이겠죠.

살면서 이 때가 일찍 오지 않아 좌절하는 경우가 많은 것 같습니다.

'나는 언제쯤 하나님께 쓰임받을까?'

'나를 하나님이 쓰시긴 하실까?'

이런 생각들이 안개처럼 스멀스멀 마음속에 피어오르죠.

사실 무작정 하나님의 때를 기다리기만 한다면, 하나님이 쓰실 거라는 의견에 저는 동의하지 않습니다.

하지만, 나의 그릇이 바로 쓰임받을 수 있게 '준비된 그릇'인 상태이면, 그분의 때에 나를 반드시 쓰실 거라 생각합니다.

박보검이라는 배우도, '응답하라 1988'이라는 작품에 캐스팅 제의가 들어왔을 때 바로 촬영해도 될 만한 연기력을 가지고 있지 못했다면, 아마 캐스팅에서 떨어졌을 겁니다.

언제 어떤 작품의 캐스팅 제의가 들어와도 소화할 수 있을 만한 연기력을 평소에 갈고 닦아 준비해놓은 상태여야 그 '때'가 왔을 때 잡을 수 있는 거죠.
기독교인인 우리들에게 준비된 그릇이라 함은 '큰 그릇이냐, 작은 그릇이냐'보다 '깨끗한 그릇'인 것 같습니다.

아무리 큰 그릇이라도 설거지가 되어 있지 않다면?
음식을 담을 수 없겠죠!
우리도 날마다 우리의 그릇을 나사렛 예수 그리스도의 피로 씻고 그릇이 더러워지지 않도록 죄와 피 터지게 싸우고 철저한 회개로써 우리의 몸을 성령님이 거하실 만한 깨끗한 성전으로 만든다면, 깨끗한 그릇에 가까워지지 않을까 생각합니다.

정리합니다.

우리가 아무런 준비 없이 막연하게 기다리는 것이 아니라 깨끗한 그릇으로 준비되어 기다린다면 하나님의 때에 그분께서 우리를 사용하시리라 믿습니다.

하나님은 우리의 손이 아니라 손목을 잡고 계십니다. 우리가 그분을 놓아도 그분은 우리를 놓치지 않습니다.

하나님의 잔소리였습니다.

7. 이건희

요즘 삼성 이건희 회장이 건강 악화로 경영 일선에서 물러나 병원에서 건강회복에만 전념하고 있다고 뉴스에 나오더라구요.

수조 원의 재산이 있음에도 불구하고, 건강이 없다면 마냥 행복하지는 않을 것 같습니다.

이런 생각을 해보았어요.

만약 이건희 회장에게 어느 누군가가 나타나서,

"당신의 모든 재산을 주면 20대의 건강한 신체와 20대의 젊음을 드리겠습니다. 당신의 통장 잔고가 0원이 되는 걸 승낙하시겠습니까?"

이런 제안을 걸어온다면 이건희 회장은 어떤 결정을 할

까요?

저라면 두 번 생각할 필요도 없이 그 제안을 받아들일 것 같습니다.

여러분이라면 어떤 결정을 하시겠습니까?
아마 저와 같은 생각이실 겁니다.

거꾸로 한 번 생각해 보죠.
이건희 회장이 수조 원의 전 재산을 들여서라도 지금 우리가 가지고 있는 건강과 젊음을 사고 싶어한다면 지금 우리의 건강과 젊음은 얼마짜리인 걸까요?

이건희 회장이 수조 원을 지불하더라도 결코 살 수 없는 건강과 젊음을 우리가 가지고 있는데, 우리는 거꾸로 수조 원을 지불하더라도 결코 살 수 없는 건강과 젊음을 소비하면서 '돈'을 벌려 하죠.

아이러니하지 않습니까?
이건희 회장이 전재산을 들여 사고 싶어 하는 건강과 젊음을 우리는 한 달 월급과 맞바꾸려 한다는 것이요.

목숨은 돈으로 살 수 없습니다.
건강과 젊음은 목숨과 같은 말이죠.

돈으로도 살 수 없는 목숨을 돈과 바꾸려 한다면 단순히 논리적으로만 생각해도 뭔가 맞지 않죠.
돈보다 훨씬 더 귀한 걸 들여서 돈을 산다?
1000만 원을 10원짜리로 맞바꾸는 사람을 우리가 현명한 사람이라고 부르지는 않습니다.

장사를 할 때 내가 대가를 치른 물건 값보다 조금이라도 더 비싸게 돈을 받아야 먹고 살죠. 1000원에 물건을 떼어왔으면 최소한 1010원은 받고 팔아야 먹고 살 수 있겠죠.
마찬가지로, 돈보다 훨씬 귀한 목숨으로 그냥 돈을 산다면 이건 뭔가 맞지 않습니다. 내가 지불하는 목숨보다 더 귀한 걸 사야 남는 장사겠죠.

목숨보다 귀한 게 뭐가 있을까요?
딱 하나뿐입니다.
그 목숨을 만드신 분! 바로 하나님입니다.

제 얘기 하나 하겠습니다.

2달 전 큰 교통사고로 제 차가 한 번에 폐차가 되었습니다. 지금 신차를 주문하고 기다리고 있는 상황입니다.

외제차도 아니고 중형차도 아닌 그냥 조그만 소형차를 주문했지만 그래도 신차인데 제가 얼마나 설레는 마음으로 기다리고 있겠습니까?

자동차 딜러가 2일 전에 차를 받을 수 있다고 말했는데 아직까지도 차가 출고가 안 되었다고 해서 아침부터 짜증이 나는 겁니다. 차가 나오면 어디어디 들러서 머리도 식히고 중고서점에 가서 책도 좀 사고 아내와 간만에 드라이브도 할 생각으로 설레고 들떠 있었는데 말이죠.

그런데 그때 하나님께서는 제게 이렇게 말씀하셨습니다.
"너는 그 차가 설레니 아니면 내가 설레니?"

할 말을 잃었습니다.
돈으로 살 수 없는 하나님보다, 돈으로 살 수 있는 차 그것도 소형차 하나에 제가 더 설레고 있었습니다. 바로 제 방에 들어가 회개기도를 했습니다.

주님, 제가 이렇습니다.

기도하고 말씀 본다고 하지만,

저도 결국 눈앞에 보이는 물질에 더 마음이 설레는

나약한 인간입니다.

저는 저를 변화시킬 수 없습니다.

성령님께서 제 영과 혼과 육을 전부 통치하셔서,

저를 하박국 선지자처럼,

다른 것 아무것도 없어도

오직 하나님 한 분만으로 즐거워하고 만족하는 자가

되게 만들어 주세요.

정리합니다.

건강과 젊음, 즉 목숨을 소비해서 목숨보다 소중하지 않은 '돈'을 사는 것은 현명하지 않습니다. 현명한 거래를 하려면 건강과 젊음, 즉 목숨보다 더 귀한 것으로 맞바꿔야 합니다.

목숨보다 귀한 것은 딱 하나입니다.

목숨을 만드시고 목숨을 주관하시는 하나님입니다.

목숨이라는 대가를 지불해서 목숨보다 더 비싼 하나님을 사는 것, 이게 가장 현명한 거래입니다.

돈을 벌기 위해 일하고, 남는 시간에 기도하고 말씀을 보는 것이 아니라 기도하고 말씀 보고 남는 시간에 일을 한다는 마인드를 가져야 합니다.

돈으로 살 수 있는 것들에 설레지 말고,
돈으로 살 수 없는 하나님에게 설렙시다.

하나님의 잔소리였습니다.

8. 남한 vs 북한

　인터넷상에서 기독교 관련 영상들을 찾다 보면 종종 북한 기독교인의 실상에 대해 나옵니다. 대부분 북한의 참혹한 기독교 박해 현실을 집중적으로 조명하죠.

　몰래 숨어서 예배 드리고, 기도하고, 찬양은 소리를 크게 내면 적발되니까 최대한 소리를 낮춰서 부르고. 만약 기독교인이라는 것이 적발되면 정치범 수용소에 들어가서 온갖 구타와 욕설 및 죽을 만큼의 중노동에 시달리다 죽는다고 말하더라구요.

　또 어떤 영상에서는 북한 기독교인에게 소원이 무엇이냐고 질문하니,

"마음껏 소리 높여서 찬양 부르는 게 소원입니다"라고 말하더라구요.

이 영상을 보고 가장 먼저 든 생각은 '불쌍하다…'였습니다.

우리나라는 교회가 너무 많아서 못 셀 정도이고 언제 어디서든 아무 교회에 들어가서 예배 드릴 수 있고 소리 높여 찬양할 수 있고 부르짖으며 기도할 수 있는데, 북한 사람들은 그렇게 못 하잖아요.
얼마나 불쌍합니까?

그런데 곰곰이 생각해 보니 정반대더라구요. 하나님 입장에서는 북한 기독교인보다 남한 기독교인들이 더 불쌍하게 보일 것 같다는 생각이 들었습니다.

먼저 한국 기독교인들이 취할 수 있는 영적 상태에 대해 생각을 해볼게요. 영적으로 흰편과 검은편 그리고 그 중간인 회색지대로 나누어보겠습니다.

한국의 기독교인들은 흰색과 검은색 중 둘 다 속할 수 있습니다. 그리고 이 중간 영역들. 흰색도 아니고 검은색도 아닌 어중간한 회색스러운 영역 곳곳에도 속할 수 있습니다.

회색지대에 속한다는 것은 어떤 의미일까요?

교회는 나가지만, 일요일에 예배 한 번 드리고 월화수목금토에는 세상 사람들과 전혀 다를 것이 없는 사람들이죠.

믿는 것도 아니고 안 믿는 것도 아닌 어중간한 상태. 뜨겁지도 차지도 않은 상태. 교회 다니는 것만 빼고 세상 사람들과 똑같은 상태. 기독교인으로써 성경에 나와 있는 능력도 없고 은사도 없는 상태.

구체적으로 설명드리지 않아도 어떤 모습이 세상 사람들과 다르지 않은 모습인지 다들 아실 거라 생각되기 때문에 더 이상 언급하지 않겠습니다.

반대로 북한 기독교인의 영적 상태를 흰편과 검은편으로 생각해 볼까요?

아마 둘 중 하나일 겁니다.

아예 흰편이거나, 아예 안 믿어서 완전 검은 편이거나.

예배 드리는 게 한 번만 발각되어도 사형인데 과연 어느 누가 북한에서 대충 하나님을 믿을 수 있을까요?

일주일에 예배 한 번만 깔끔하게 드리고 말까요?

아니면 온 마음을 다해 하나님을 찾을까요?

회색지대는 거의 있을 수가 없을 겁니다.

목숨 걸고 믿을 수밖에 없는 환경입니다.

걸리면 죽는 마당에 게임, 드라마, 각종 취미활동, 여가활동? 시간을 절대 그런 곳에 쓰지 않을 겁니다.

거의 모든 시간을 목숨 걸고 기도하고 말씀 볼 겁니다.

"하나님, 저 안 만나주시면 저 죽습니다"라구요.

자기 아이가 백혈병에 걸린 한 아버지가 있습니다. 아이에게 맞는 골수를 가진 사람을 찾아야 하는데 전국에서 딱 1명을 찾았습니다. 그 사람에게 가서 골수를 기증해달라고 부탁했습니다. 그러자 그 사람은 그럴 생각이 없다고 했습니다.

아버지는 어떻게 할까요?

자신의 모든 집과 재산을 다 팔아서 돈으로 줄 테니 제발 골수를 달라고 할 겁니다. 그리고 그 사람 집 앞에서 식음도 전폐하고 기다리며 무릎까지 꿇으면서 제발 다시 한 번 생각해 달라고 당신이 원하는 것은 뭐든지 할 테니 제발 아들을 위해 골수를 기증해달라고 할 겁니다.

이 아버지의 마음 상태를 여러분들은 한 단어로 어떻게 표현하시겠습니까?

저는 '간절함'이라고 표현할 것 같습니다. 간절함이라는 단어 외에는 저는 생각이 나질 않습니다. 세상 누구보다 간절할 겁니다.

> 나를 사랑하는 자들이 나의 사랑을 입으며 나를 간절히 찾는 자가 나를 만날 것이니라(잠 8:17).

> 너희가 온 마음으로 나를 구하면 나를 찾을 것이요 나를 만나리라(렘 29:13).

온 마음으로 간절히 하나님을 찾는 사람이 하나님을 만날 수 있다고 하나님께서 말씀하셨습니다.

지금 간절하십니까?

간절함이라는 단어를 피상적으로만 봐왔던 터라 그 간절함이 가지고 있는 동적 의미를 잊고 살았던 것 같습니다.

무언가에 간절한 사람이 간절해야만 얻을 수 있는 무언가 외에 다른 곳에 시간을 쓸까요?

저 아버지가 골수를 기증해 줄 수 있는 유일한 사람을 만나서 설득시키는 것 외에 다른 행동을 할까요?

집에 가서 게임하고, 드라마 보고, 야구 보고, 취미활동을 한 뒤에 다시 퇴근 시간 맞춰서 그 사람 앞에 무릎 꿇을까요?

하나님을 진짜로 간절하게 만나고 싶은 사람은 과연 어떤 행동을 할까요?

백혈병에 걸린 아들을 살리기 위해 아버지가 한 행동과 비슷하지 않을까요?

거의 모든 시간을 하나님께 엎드리며 기도하고 내가 가지고 있는 모든 것들을 다 내어놓고 당신이 하라는 대로 뭐든지 하겠다고 울고 불며 매달리지 않을까요?

진짜로 하나님을 간절히 만나고 싶다면 말이죠.

정리합니다.

영적 회색지대를 벗어나야 합니다. 북한 기독교인처럼 이왕 믿은 거라면 목숨 걸고 믿어야 합니다. 그래야 하나님을 만날 수 있습니다. 간절히 온 마음으로 하나님을 찾는 자가 하나님을 만날 수 있다고 하나님께서 말씀하셨습니다.

간절한 자는 간절한 것을 얻기 위해 다른 곳에 시간을 낭비하지 않습니다. 간절한 곳에 모든 시간을 쏟습니다.
하나님이 안 만나주신다고 하나님 탓 이제 그만합시다. 간절하지 않은 내 탓입니다. 하나님께 모든 시간을 쏟지 않은 내 탓입니다.

목숨을 바친다는 뜻은 시간을 바친다는 뜻과 같습니다. 사람은 간절한 곳에 반드시 시간을 바칩니다. 하나님을 집요하게 물고 늘어져봅시다.
끈질기게 물고 늘어지면 귀찮아서라도 우리를 만나주시지 않겠습니까?

하나님의 잔소리였습니다.

9. 공정거래

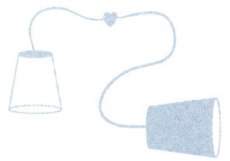

우리가 재화나 서비스를 이용하고자 할 때 대가를 지불하죠. 쉽게 말해 어떤 물건이나, 또는 스포츠 마사지 같은 무형의 서비스를 이용하려면 대가, 즉 돈을 냅니다.

만약 돈을 안 내고 재화나 서비스를 이용한다면 어떻게 될까요?

바로 경찰이 출동하겠죠.

정당한 대가를 지불해야 그만큼의 효용을 누릴 수 있습니다. 그게 '공정거래'죠. 그런데 우리는 영적인 면에서 공정거래를 하지 않고 '불공정거래'를 하려는 경우가 너무 많은 것 같아요.

돈을 내지 않고서는 가지고 싶은 물건만 들고 나가는 사람을 우리는 '도둑'이라고 부른다면 '마음'을 드리지 않고 하나님을 가지고 싶어하는 사람을 뭐라고 불러야 할까요?

하나님은 분명히 성경에서 우리의 '마음'이라는 대가를 요구하신다고 나와 있죠. 지극히 저의 개인적인 생각입니다만, 저를 포함해서 너무나 많은 기독교인들이 하나님을 너무 쉽게 만나려 하는 것 같아요.

보기에 조금 불편하실 수 있겠지만 저 스스로에게도 채찍질하고 지키려 하는 것이니 조금 세게 말하겠습니다. 너그럽게 이해하고, 넓은 마음으로 읽어주시면 감사하겠습니다.

시민이 대통령을 만나려면 대통령이 엎드려서 만나달라고 부탁해야 할까요?

아니면 시민이 엎드려서 만나달라고 부탁해야 할까요?

시민이 청와대 정문 앞에 엎드려서 대통령 만나게 해달라고 빌어도 만날 수 있을까 말까이지 않나요?

청와대 경호원들이 여기서 이러셔도 소용없다고 잡아 끌어내겠죠.

한 5분 정도 엎드렸다가 경호원이 가라고 해서 일어나서 바로 가면 경호원이 대통령한테 누가 엎드려서 만나고 싶어한다고 보고할까요?

한 5분정도 엎드렸다 가라고 해서 일어나서 간다면 그냥 정신 나간 사람이라고 생각하지 않을까요?

끌려 나가도 줄기차게 몇 시간이고, 며칠이고 계속 청와대 정문 앞에서 엎드리며 대통령 만나게 해달라고 빌어야 경호원들도,

'저 사람 진짜 대통령 안 만나게 하면 뭔가 큰 사고칠 것 같은데?'

라고 생각하면서 그제서야 대통령한테도 그 사람을 보고 하겠죠.

대통령을 만나는 것도 이런데 우리는 하나님께 만나달라고 매달려는 봤나 모르겠어요. 몇 날 며칠이고 안 만나주시면 진짜 죽어버리겠다고 골방에 들어가서 기도하면서 하나님께 떼라도 써봤냐는 거죠.

아무런 노력도, 대가도, 각오도 없으면서 하나님이 안 만나주신다고 불평하고 있진 않나요?

우리는 지금 너무 불공정거래 하고 있지 않습니까?

대가를 지불하지 않고, 하나님을 얻으려 하고 있죠.

솔로몬이 성전봉헌식을 할 때, 소 22,000마리와 양 120,000마리를 번제물로 드렸습니다. 이때 소와 양은 최상급으로만 드렸죠. 하나님은 흠이 있는 것은 받지 않으시니까요. 소 한 마리를 싸게 잡아서 현재 가격으로 500만 원, 양 한 마리를 100만 원으로 가정한다 하더라도 2,300억 원어치입니다.

한 나라의 왕도 하나님께 나아가는 데 저렇게 대가를 지불하는데, 우리는 지금 무슨 깡으로 대가도 지불하지 않고 하나님을 얻으려 하는 건지 모르겠습니다.

사실 인간인 우리는 아무리 대가를 지불해도 하나님을 만날 수 없습니다. 하나님과 인간은 차원이 다르기 때문입니다. 마치 코끼리와 개미가 서로 소통할 수 없듯이요.

개미가 자신이 할 수 있는 모든 노력을 다 한다 해도 코끼리와 소통할 수 있을까요?

뭘 해도 절대 안 됩니다. 불가능입니다. 울고 불며 별짓을 다 해도 절대 안 됩니다.

차원이 다르니깐요!

그래도 코끼리와 개미가 서로 소통하려면 그 둘의 차원이 같아져야겠죠. 코끼리가 개미가 되든지 개미가 코끼리가 되든지요. 둘 다 코끼리가 되든, 둘 다 개미가 되든 같은 종류가 되어야 소통이 가능하겠죠.

그러면 인간과 하나님이 소통하고 만나는 방법도 2가지 중에 하나일 겁니다. 먼저 같은 차원의 존재가 되어야 소통이 가능하겠죠.

인간이 하나님의 차원으로 올라가서 똑같은 하나님이 되든지 아니면 하나님이 인간의 차원으로 내려와서 인간이 되든지, 즉 둘 다 하나님이 되든지 둘 다 인간이 되든지 해야 소통과 만남이 가능하겠죠.

하지만 인간은 차원을 높여 하나님이 될 능력이 없죠.

그렇다면 방법은 하나입니다.

하나님이 자신의 차원을 낮추셔서 인간이 되는 것.
신이 '신'이기를 포기하고 인간이 되는 것.

이것이 인간과 하나님이 만날 수 있는 유일한 방법입니다. 그래야 차원이 같아져서 소통이 가능하겠죠.

신이 신이기를 포기하고 인간이 되신 사건. 그것이 바로 예수 그리스도 사건입니다. 인간을 지은 하나님이 인간으로 오신 거죠. 우리와 만나고 소통하시기 위해 '신'이라는 높은 차원을 버리고 일부러 낮아지셨죠. 그게 인간이 하나님을 만날 수 있는 유일한 방법이니까요.

인간이 아무리 노력하고 발버둥치고 모든 대가를 지불한다 하더라도 절대 하나님을 만날 수 없는 존재였는데, 하나님이 본인의 차원을 낮추셔서 인간이 하나님을 만날 수 있는 '길'을 열어주신 것이지, 그것이 하나님을 '쉽게' 만날 수 있다는 뜻은 아니죠.

인간이 모든 대가를 지불해도 안 되는 것을 신이 인간의 차원으로 낮아지시는 대가를 지불했는데, 인간이 대가를 지불하지 않는다구요?

도대체 무슨 깡일까요?

모든 대가를 지불해도 안 되는 것을, 대신 대가를 치루신

분께서 우리에게 유일하게 대가를 요구하시는 게 있습니다. 바로 우리의 '마음'입니다.

요엘서 2장 12절에서 말씀하십니다.

마음을 다하여 내게로 돌아오라(욜 2:12).

마음. 마음을 원하신다고 하십니다. 하나님을 만나려면 '마음'이라는 대가를 지불해야 합니다.

"나 저 남자에게(또는 저 여자에게) 내 모든 마음을 빼앗겼어."

무슨 뜻이죠?
온종일 그 사람 생각이 머릿속을 떠나지 않는다는 뜻입니다. 밥을 먹든, 일을 하든, 운동을 하든, 공부를 하든, 심지어 자려고 침대에 누워도 그 사람 생각이 떠나질 않고 보고 싶어 미치겠고, 전화하고 싶고, 목소리 듣고 싶다는 뜻이죠. 내 모든 '시간'을 그 사람에게 뺏기고 있다는 뜻과 같죠.

사람은 '마음'이 있는 곳에 반드시 '시간'을 쏟게 되어 있습니다. 게임에 마음을 뺏긴 사람은 많은 시간을 게임에 쏟습니다. 야구에 마음을 뺏긴 사람은 많은 시간을 야구경기 시청에 쏟습니다. 이성 친구에게 마음을 뺏긴 사람은, 많은 시간을 이성 친구 생각하고 이성 친구에게 쏟습니다.

TV에 마음을 뺏긴 사람은 많은 시간을 TV 시청에 쏟습니다. 낚시에 마음을 뺏긴 사람은 많은 시간을 낚시하는 데 쏟습니다. 마찬가지로 하나님께 마음을 뺏긴 사람은 많은 시간을 하나님께 쏟겠죠.

그러므로 하나님께 많은 시간을 드리지 않는 사람은, 하나님께 마음이 없다는 뜻입니다. 하나님께 마음이 없다는 뜻은 하나님을 만날 수 없다는 뜻입니다. '시간'을 드리지 않는 사람은 하나님을 만날 수 없습니다. 대가를 지불하지 않았으니까요.

로마시대 때 사탄 마귀들의 전략은 '목숨'을 뺏는 것이었습니다. 예수를 믿다 걸리면 사자밥이 되고, 화형당했죠. '목숨'을 뺏는 것으로 예수를 못 믿게 겁을 주었죠.

지금 시대에 사탄 마귀들은 '시간'을 뺏는 전략을 쓰고 있습니다. 바쁘게 만들고, 게임하게 만들고, TV 보게 만들고, 취미생활에 빠지게 하고. 다 시간을 뺏는 전략이죠.

목숨을 뺏는 전략은 한번에 죽이는 것이지만 '시간'을 뺏는 전략은 서서히 죽이는 거죠. 어차피 '시간'은 '목숨'이니까요.

정리하겠습니다.

하나님을 만나려면 그분께서 원하시는 대가를 지불해야 합니다. 그것은 '마음'입니다. '마음'을 드린다는 것은 '시간'을 드린다는 것입니다.

대가 없이 하나님을 얻으려는 것은 하나님을 도둑질하려는 것과 같습니다. 신앙생활의 가장 기본인 '기도'와 '말씀' 생활부터 가능한 한 많은 '시간'을 드려서 최선을 다해보고 그때 가서 하나님께 왜 안 만나주냐고 따져보자구요.

최선을 다해 스스로 공부해보고, 그래도 안 되면 부모님께 과외 시켜달라고 해야지, 스스로 공부 하나도 안 하고 과외 시켜달라고 하면 부모님께 꾸지람만 듣지 않겠습니까?

불공정거래 하지 맙시다.
그리고 하나님을 만납시다.

하나님의 잔소리였습니다.

10. 믿음 vs 행위 1

"구원은 믿음으로 이루어지지 행위로 이루어지지 않는 다"는 말씀이 있죠. 그런데 종종 이 말씀을 꼭 이렇게 해석하는 사람들이 있어요.

'믿음만 있으면 되지 행위는 없어도 된다'라고 말이죠.

그 말씀은 '믿음이 없는 행위를 조심하라'는 뜻이지 '행위는 없어도 된다'는 뜻은 아닙니다.

바리새인들이 이 편에 속했죠. 겉으로 드러난 행위는 있지만 마음이 없는 상태.

바리새인과 같은 행위가 있다면 마음이 있을 수도 있고 없을 수도 있습니다. 마음이 없지만 억지로 보이기 위해 행위를 할 수 있죠. 하지만 이 행위가 없다면, 마음이 있을 수도 있고 없을 수도 있는 것이 아닌 '마음이 없다'는 뜻일 겁니다.

이해가 쉽게 이성 친구를 예를 들어 한번 생각해 보면 좋을 것 같아요.
남자친구가 여자친구에게 엄청 잘해주고, 연락도 많이 하고, 자주 보러 온다고 해서 무조건 마음이 있다고는 볼 수 없겠죠. 겉으로 행동으로만 그렇게 할 가능성은 언제든 있습니다.

하지만, 여자친구에게 잘해주지도 않고, 연락도 전혀 없고, 보러 오지도 않는다면?

'잘해주지도 않고 연락도 없고, 날 보러 오지도 않지만 그래도 내 남자친구는 날 100% 사랑해.'

이렇게 생각하는 여성은 없을 겁니다.
좋아한다면 연락이 없을 수가 없죠. 좋아한다면 보고 싶지 않을 수가 없죠.

마음이 있다면 행동은 없을 수 없습니다.

마찬가지로 기도, 말씀을 예로 얘기하자면 매일 기도와 말씀 생활을 한다고 해서 내 믿음이 무조건 좋다고 볼수는 없지만, 매일의 기도와 말씀 생활이 없다는 것은 하나님께 마음이 있을 수도 있고, 없을 수도 있는 것이 아니라 하나님께 마음이 없다는 것을 반증하는 것일 수 있습니다.

정리합니다.

기도와 말씀 생활을 잘 하시는 분들은 혹시 마음이 없이 행위만 하고 있는 것 아닌가 살펴보시기 바랍니다.
기도와 말씀 생활이 없으신 분들은 마음이 없는 상태라는 것을 인지하고 그 마음을 달라고 하나님께 매달려 보시길 바랍니다.

오늘의 잔소리는 여기까지입니다. 감사합니다.

11. 믿음 vs 행위 2

　제가 저번 주에 무단횡단을 하려고 8차선 도로에 겁도 없이 서 있었어요. 정신 나간 거죠. 타이밍을 딱 보고 무단횡단을 하려고 뛰는데, 제 쪽으로 덤프트럭이 달려오는 거에요. 그 순간 정말로 몸이 안 움직이고 얼어붙더라구요. 근데 어떤 청년이 저를 반대쪽으로 확 밀어서 다행히 무사했습니다.

　하지만 저를 밀었던 청년은 저 대신 덤프트럭에 부딪혀서 거의 10m를 날아가서 그 충격으로 아스팔트 바닥에 내장들이 흘러나왔고 급하게 응급실로 실려갔지만 몇 시간만에 결국 사망했습니다.

그 청년의 가족들에게 이 상황을 알리기 위해 그 청년의 주머니 속에 있는 물건들을 꺼내기 시작했습니다. 핸드폰과 쪽지 하나가 나오더라구요.

그 쪽지를 펴봤는데 이런 내용이 있었습니다.

> 만약 이 쪽지를 누군가가 열어본다면, 아마 저는 이 세상 사람이 아닐 것입니다. 누군가를 위해 대신 위험을 무릅쓸 상황을 대비해서 항상 이 쪽지를 지니고 다녔습니다.
> 딱 2가지만 부탁드리겠습니다.
> **첫째**, 저희 부모님께 매일 연락해주세요. 저를 잃은 부모님은 이 순간부터 당신을 아들로 생각하실 겁니다.
> 저 대신 당신이 살았으니까요.
> **둘째**, 제가 매주 수원역 앞에서 노숙자 식사봉사를 해왔는데, 그것을 꼭 저 대신 해주세요.

딱 이 두 가지 내용만 쪽지에 적혀 있었습니다.
저는 어떻게 했을까요?

당연히 저 두 가지 내용을 무슨 일이 있어도 지키려고 핸드폰에 알람 설정을 해두었죠. 그리고 실천하고 있습니다.

억지로가 아니라, 나 대신 죽은 그 청년을 생각하면, 누가 시키지 않아도 몸이 먼저 움직이더라구요.

매일 아침 눈을 뜰 때마다 그 청년이 나 대신 길바닥에 쏟은 내장들이 떠올랐습니다. 그리고 매일 아침 그 쪽지를 꺼내보게 되는 습관이 생겼습니다. 쪽지에 묻은 피얼룩을 볼 때마다 매일매일 감사하다는 말이 나오구요.

사실 이 내용은 제 실제 경험담이 아니라, 예화로 제가 만든 내용입니다. 무단횡단은 우리의 죄, 덤프트럭은 영원한 형벌, 나를 밀고 대신 죽은 청년은 예수님, 청년의 주머니 속에 있던 쪽지는 성경을 비유한 것입니다.

청년이 내 눈 앞에서 나 대신 덤프트럭에 치여 피가 터져 죽는 것을 눈앞에서 봤다면, 그 청년의 쪽지에 담긴 부탁을 안 지키려야 안 지킬 수가 없듯이, 예수님께서 나 때문에 물과 피를 다 흘리셨다는 믿음이 있다면 그분이 남기신 쪽지(성경)의 내용을 시키지 않아도 목숨 걸고 지킬 겁니다.

그런데 우리가 실천하지 못하는 이유는 단 하나입니다.

믿지 못해서입니다. 믿음과 행위를 나누어서 말하는 것 자체가 믿음이 없다는 것의 반증입니다. 믿음이 있다면 시키지 않아도 행위는 당연히 따라오게 되니까요.

'믿음 vs 행위 1' 편에서 말씀드렸지만, 행위가 있다고 무조건 믿음도 있는 건 아닙니다. 하지만 행위가 없으면 믿음은 없는 겁니다.

남자친구가 여자친구에게 하루에 문자도 한 통 안 하고, 전화도 한 통 안 해요. 그래서 여자친구가 화가 났어요.
"오빠! 나 사랑한다면서 왜 문자도 하나 안 하고 전화도 어떻게 안 할 수가 있어?"
그래서 남자친구가 이렇게 말합니다.
"너한테 문자도 안하고 전화도 안 해도 나는 진짜로 너를 사랑한다니깐? 내가 매일 게임만 하고 있어도 진짜로 너 사랑해."
이런 남자친구에게 뭐라고 하실 겁니까?

진짜 저 말을 믿을 사람 있나요?
거짓입니다. 100% 거짓입니다. 마음이 있다면 행위는 반드시 따라오게 되어 있습니다.

오늘 이 시간, 진정으로 회개하고 다시금 예수님께서 날 위해 십자가에서 물과 피를 쏟으셨다는 사실을 진심으로 믿게 해달라고 성령님께 기도합시다.

진심으로 믿어지면, 우리가 그토록 억지로 하던 기도와 말씀 생활이 시키지 않아도 하고 싶어지는 역사가 일어나게 될 줄 믿습니다.

오늘의 잔소리는 여기까지입니다. 감사합니다.

12. 구걸

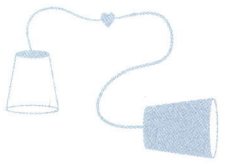

제 직업의 특성상 지방에 출장을 갈 일이 종종 있습니다.
서울역 또는 부산역에 종종 가는데요. 큰 역사 주변에는 꼭 구걸을 하시는 분들이 계십니다.

'핑계 없는 무덤 없다'는 말이 있듯이 구걸을 하시는 분들도 다 본인들만의 사연이 있을 겁니다.
하지만, 겉모습만 봤을 때 '충분히 막노동이라도 해서 돈을 벌 수 있을 것 같은데…'라는 생각이 드는 분들이 간혹 계시죠. 겉모습이 멀쩡해도 정말로 노동을 할 수 없는 분들이 물론 계시겠지만요.

여하튼, 부득이하게 신체적으로 장애가 있어서 노동을

할 수 없는 상황이 아닌 이상, 충분한 노동력을 가지고 있음에도 불구하고, 본인의 노동력을 들이지 않고 '구걸'로 돈을 달라고 한다면 저는 좋게 보진 않을 것 같습니다.

남들이 힘들게 번 돈을 본인은 편하게 그냥 얻으려 하는 것이니깐요. 괘씸하게 볼 수도 있을 것 같습니다.

영적인 면으로 봤을 때도 마찬가지인 것 같아요.

본인의 힘으로 충분히 기도할 수 있는 상황임에도 불구하고 본인은 기도도 안하고 남들에게 습관적으로 "나를 위해서 기도해달라"고 말하는 분들이 간혹 계시는 것 같습니다.

그것 또한 '구걸'이지 않을까요?

기도를 '구걸'하고 있는 것과 같다고 저는 생각합니다. 정말 안 좋은 습관인 것 같습니다.

남들이 힘들게 노력해서 '시간'이라는 대가를 지불해 가며 하나님께 무릎 꿇고 쌓은 '기도의 제단'을 본인은 아무런 대가를 지불하지 않고 남의 기도의 제단의 밑기둥을 달라고 '구걸'한다면…, 하나님이 보시기에도 그다지 올바른 모습은 아닐 거라 생각합니다.

영적인 괘씸죄에 해당할 수도 있다고 저는 생각합니다.

정리합니다.

본인 스스로 최선을 다해서 공부하고, 그래도 안 되면 부모님께 과외 시켜달라고 해야 합니다.
스스로 공부는 하나도 안 하고 부모님께 과외 시켜달라고 하면 부모님께 회초리만 맞습니다.

하나님을 더듬어 찾는 것도 본인 먼저 스스로 최선을 다해서 찾아야 합니다. 스스로 최선을 다하고 있는 가운데 다른 사람들의 '중보기도'가 얹어져야지 본인은 정작 아무것도 안 하고 남의 도움만 바란다면 올바른 모습은 아닌 것 같습니다.

이 글을 읽는 모든 분들은 여기서 한 걸음 더 나아가서, 남들에게 '중보기도'를 부탁하는 자가 아니라 정말로 도움이 필요한 자들에게 나의 '중보기도'로 도움을 주는 자들이 되었으면 합니다.

하나님의 잔소리였습니다.

13. 기억과 망각

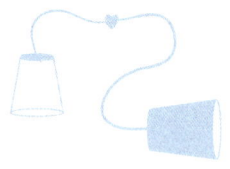

중고등학교 다닐 때 열심히 시험공부를 하죠.

그런데 참 신기하게도 한 번만 보면 쉽게 외워지는 것들이 있고, 아무리 봐도 뒤돌아서면 바로 까먹게 되는 것들이 있더라구요. 공부를 하면 며칠이 지나도 안 까먹고 외워지게 하는 방법이 없을까 고민도 많이 했었습니다.

그런데, 아무리 안 외워지는 것들이라 하더라도 계속 시간을 들여서 쳐다보고 생각하면 결국에는 외워지더라구요.

어느 날, 반대의 경우는 어떨까 생각해 봤어요.

기억이 아니라, 까먹는 것은 노력으로 될까?
망각은 노력으로 될까?

그런데, 망각은 절대로 의지대로 안 된다는 것을 깨달았어요.

예를 들어볼게요. 적절한 예인지는 모르지만 한번 해보겠습니다.

"지금부터 분홍색 코끼리를 절대 기억하지 마세요!
절대 분홍색 코끼리를 머릿속으로 생각하거나 기억하면 안 됩니다!
잊으세요! 분홍색 코끼리를요!"

누군가 이렇게 말했을 때, 이 말을 듣는 사람이 분홍색 코끼리를 머릿속에 떠올리지 않기란 정말 어렵습니다.

다른 예를 한번 들어볼게요.
저는 자녀가 아직 없지만, 제가 부모가 된다 하더라도 제 아이가 산부인과에서 막 태어나는 그 순간을 평생 잊지는 못할 것 같습니다. 처음 자녀를 안아보는 그 순간도 절대 잊지 못하겠죠.
부모에게,
"당신 자녀를 처음 안아본 느낌을 절대 기억하지 마세요!

잊으세요!"라고 하면 어떤 부모가 그걸 노력으로 잊을 수 있을까요?

하나님은 우리를 창조하시고, "심히 좋았다"라고 성경을 통해 그분의 마음을 표현하셨습니다.
마찬가지로 우리를 처음 만드신 그 순간을 하나님께서도 잊지 못하고 계시지 않을까요?

이 글을 읽는 분들 중에 '하나님이 나를 잊으셨다' 혹은 '하나님이 나를 버리셨다'라고 생각하는 분들이 계실지 모르겠어요.

안타깝지만(?), 하나님은 당신을 절대 잊지 않고 계십니다.
"하나님! 저를 좀 잊어주세요!"
아무리 외친들 하나님은 잊으실 수가 없는 분입니다.

비록 초등학교 때 친구를 따라서 아무 생각 없이 교회를 잠깐 다녔다가 지금은 다니지 않더라도 그 순간을 하나님은 잊지 않고 계십니다.

하나님 입장에서는 자녀가 처음으로 자신의 품으로 "아빠!" 하고 소리치며 달려와 안기던 순간일 테니까요.

정리합니다.

자녀인 우리는 아빠를 처음 불렀던 그 순간을 기억 못하더라도 아빠는 자녀가 아빠를 처음 불렀던 그 순간을 절대 잊을 수 없습니다.
하나님은 당신을 절대 잊지 않고 계십니다.

하나님의 잔소리였습니다.

14. 단풍

저에게는 항상 영적인 내용으로 전화 통화를 하루에 1시간 넘게 하는 친한 형이 있습니다. 오늘도 어김없이 그분과 전화 통화를 했습니다.

최근 제 아내가 이분을 질투하기 시작했습니다. 본인보다 전화를 더 자주 하니깐요. 하지만 그 대상이 여자가 아닌 남자라 남자를 사이에 두고 남자에게 질투심을 느끼는 자신이 싫다고 하더군요.

저는 남자이지만, 남자들에게 더 인기가 많은 것 같습니다. 슬픈 일이죠…(농담이구요 ㅋㅋ).

여하튼!

그 형은 오늘 강원도에 일이 있어서 대관령을 넘고 있다고 하더라구요. 가던 길에 단풍이 너무 예쁘게 들어 있어서 여행을 따로 다닐 필요가 없이 이미 여행을 하고 있는 것 같다고 저에게 말을 했습니다.

'하나님의 잔소리' 영상을 제작해서 유튜브에 올리기 시작하면서 저에게 이상한 습관이 생겼습니다.
모든 것들을 영적인 관점으로 보려는 강박증이라고 해야 하나요?
그 형의 말을 듣고, '강원도에는 단풍이 많이 들었나 보다'라고 그냥 생각하고 넘어갈 수도 있는데, 전 이런 생각이 들더라구요.

'사람 이외에 단풍을 예쁘다고 느끼는 생명체가 있을까?'

제 생각에는 없는 것 같아요. 강아지나 기타 여러 동물들이 단풍을 볼 때 그 아름다움에 심취해서 넋을 놓고 보는 일은 없는 것 같습니다. 똑같은 단풍인데 오직 사람만이 예쁘다고 반응을 합니다.

이 일로 저는 느끼게 되었습니다.

'오직 사람만이 하나님이 만드신 창조물들의 아름다움을 느낄 수가 있구나!'

'하나님이 사람을 이렇게 특별하게 만드셨구나!'

'단풍 외에도 하나님이 자연 가운데 아름다운 것들을 얼마나 많이 만들어 놓으셨을까'라는 생각도 들구요.

누구나 찾을 수 있지만, 찾는 사람만 기쁨을 느끼는 '보물찾기'처럼, 이 가을에 하나님의 여러 창조물 가운데 오직 사람만이 느낄 수 있는 아름다움을 하나님께서 만드신 자연 속에서 한번 찾아보는 것은 어떨까요?

오늘의 하나님의 잔소리였습니다.

15. 대사관

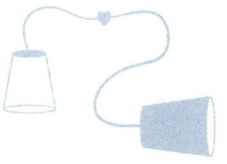

 대사관은 대사가 국가의 명령을 받아 머물러 있는 나라에서 국가의 일을 처리하는 기관입니다.
 일반적으로 대부분의 사람들이 알고 있는 대사관의 업무는 해당 국가에서 사건사고가 발생했을 때 해당 나라에 있는 자국민에 대한 신원파악을 하는 것입니다. 또한 비자업무, 해당 국가의 여행정보, 유학정보 제공 등의 업무를 담당합니다.

 우리나라 안에도 세계 각국의 대사관이 있습니다. 미국 대사관, 영국 대사관, 프랑스 대사관 등등. 마찬가지로 다른 여러 나라 안에도 우리나라 대사관이 있습니다.
 만약 미국 안에 있는 한국 대사관에서 범죄가 일어났다면, 처벌은 어떻게 될까요?

미국법을 적용받을까요?

아닙니다. 한국 법을 적용받습니다.

담장 하나 차이로 적용되는 법이 달라지는 셈이죠.

한국 대사관이 미국 영토 내에 있다 하더라도 미국 내의 한국 대사관은 한국의 법을 적용받습니다.

각 나라가 다 마찬가지입니다. 모든 나라의 대사관은 해당 영토의 나라의 법을 적용받는 것이 아니라 자국의 법을 적용받습니다.

영적인 면으로 적용해 볼까요?

우리는 공중 권세 잡은 자들, 즉 사탄 마귀들이 지배하는 세상에서 사탄 마귀들이 만들어 놓은 법에 영향을 받으며 살아갑니다. 원하든 원치 않든 말이죠. 왜냐하면 이 세상은 사탄 마귀들의 세상이기 때문입니다.

로마에 가면 로마의 법을 따라야 하듯이 사탄 마귀들의 세상 속에 있으면, 내 의지와는 상관없이 사탄 마귀들의 법을 따라야 합니다.

사탄 마귀들은 어떤 법들을 만들어 놓았을까요?
가장 대표적으로는, "돈이 많아야 행복하다"가 있습니다.

또한,
"남을 밟고 일어나야 살아남을 수 있다."
"좋은 대학에 들어가야 먹고 살 수 있다."
"좋은 집과 좋은 차를 타야 없어 보이지 않는다."
등등이 있죠.

맞습니다.
사탄이 지배하는 이 세상에서 살아남으려면 위처럼 생각을 가지고 열심히 발버둥쳐야 살아남습니다. 저렇게 하지 않으면 자본주의에서 굶어 죽습니다.

하지만, 우리가 예수를 나의 구주로 믿고 나의 마음을 온전히 하나님께 드리기 시작하면 내가 세상 속에 있더라도, 적용되는 법이 달라집니다.
마치 미국의 영토 안에 한국 대사관이 있지만, 한국 대사관은 한국의 법을 적용받듯이요.

돈이 많아야 행복한 게 아니라, 하나님으로 인해 행복하게 되죠.

남을 밟고 일어나야 살아남는 게 아니라,
나로 인해 남들도 함께 축복을 받게 되죠.

좋은 대학에 들어가야 먹고 살 수 있는 게 아니라,
하나님 안으로 들어가야 먹고 살 수 있게 되죠.

좋은 집과 좋은 차를 타야 없어 보이지 않는 것이 아니라,
비록 아무것도 없을지라도, '저 사람 뭔가 다른데?'라는 반응이 오기 시작하죠.
나에게 적용되는 법이 이렇게 바뀌어 버립니다.

정리합니다.

사탄 마귀들의 법에 적용받지 않는 하나님의 '대사관' 안으로 들어가야 합니다. 하나님의 '사랑' 안으로 들어가야 합니다. 그래야 사탄 마귀들이 지배하는 이 세상 속에서도 사탄 마귀들의 법이 아닌 하나님의 법이 적용되어 멸망치 않

고 살아남을 수 있습니다.

그렇다면 어떻게 해야 하나님의 사랑 안으로 들어갈 수 있을까요?

> 너희도 내 명령들을 지키면 내 사랑 안에 거하리라(요 15:10).

성경에서 예수님께서 명령하신 것들이 어떤 것들이 있는지 부지런히 찾아봅시다. 그 명령들을 지키면 하나님의 사랑 안에 거할 수 있다고 말씀하셨습니다.

오늘 이 시간 부지런히 성경 속에 감춰진 비밀을 캐내어 예수님처럼 세상을 이겨보는 것은 어떨까요?

하나님의 잔소리였습니다.

16. 독 vs 우유

 '동물의 왕국'이라는 TV 프로그램은 대한민국 국민이라면 누구나 한 번쯤은 시청했을 법한 프로그램이죠. 밀림이나 초원 같은 곳에 사는 여러 동물들의 약육강식 세계를 낱낱이 카메라로 전달해 줍니다.

 이따금씩 뱀에 대해서도 영상이 나오는데, 뱀은 참 생긴 것부터 소름이 돋는 것 같아요. 낼름거리는 혀 하며, 눈까지 정말 소름이 끼칩니다. 뱀은 일반적으로 이빨의 독을 먹잇감에게 주입해서 먹잇감의 몸을 마비시키고 잡아먹죠.
 갑자기 궁금해졌습니다.

 '저 독은 어떻게 만드는 것일까?'

'물이 뱀의 몸 속에서 어떻게 독으로 바뀔까?'

그런데 생각해 보니 젖소도 뱀이 먹는 것과 같은 일반적인 물을 먹더라구요. 하지만 젖소는 그 물을 독이 아니라 자기 새끼를 위한 우유로 바꿔서 새끼를 먹입니다.
참 신기했습니다. 같은 물인데, 뱀은 독을 만들고 젖소는 우유를 만든다는 것이요.

영적인 면으로 생각을 해 봤습니다.

성경책 속의 성경구절들은 누구에게나 똑같습니다. 하지만 누군가는 그 똑같은 성경구절을 독으로 만들어 먹고 또다른 누군가는 그 똑같은 성경구절을 우유로 만들어 먹는 것 같습니다.

사탄 마귀는 우리들이 성경구절을 어떻게 독으로 만들어 먹기를 원할까요?
바로 공의의 하나님은 버리고, 사랑의 하나님만 하나님이라 믿게 만드는 것입니다.

'사랑의 하나님이니 뭐든 다 용서해 주시겠지.'
'사랑의 하나님이니 뭐든 어떻게 되겠지.'

이런 생각으로 신앙생활 하다가는 사탄 마귀들의 밥이 되기 십상입니다. 하나님께서 장자로 선택하신 이스라엘 백성들이라 할지라도 하나님께 범죄한 출애굽 1세대들은 가나안 땅도 밟아보지 못하고 다 광야에서 죽었습니다.

사랑이라는 속성만 지닌 하나님이시라면 장자인 이스라엘 백성을 이토록 냉정하게 심판하셨을까요?
하물며 우리는 어떻게 하실까요?
지금 우리의 불순종과 죄악을 그냥 넘어가실까요?

나는 '죄'까지 짓는 것 같지는 않다구요?
가장 큰 죄는 '하나님을 찾지 않는 죄'입니다.
하나님을 찾는 사람이 하루를 어떻게 보낼까요?
반대로 하나님을 찾지 않는 사람은 하루를 어떻게 보낼까요?

곰곰이 생각해 봅시다.

공의의 하나님 즉, 선과 악을 정확하게 분별하고 통제하며 다스리시는 하나님의 속성 또한 철저히 인식하고 인지해야 망하지 않을 수 있습니다.

똑같은 성경말씀이라도 사랑의 하나님만 골라 믿으면 독입니다.

똑같은 성경말씀이라도 공의의 하나님과 사랑의 하나님을 균형 있게 바라봐야 독이 아닌 우유가 됩니다.

공의의 하나님은 쏙 빼버리니, '죄'에 대해 무감각해지고 '죄'와 싸울 생각도 하지 않게 되는 최악의 상황이 우리네 삶에 펼쳐지고 있지는 않습니까?

세례 요한과 예수님께서 공생애 사역을 시작하실 때 첫마디는 "회개하라"였습니다.

세례 요한과 예수님 두 분 다 첫 사역의 첫마디가 "회개하라"였다면 이게 어떤 의미일까요?

가장 처음에 말하는 것은 가장 중요하다는 뜻일까요?
아니면 그냥 흘려들어도 된다는 뜻일까요?

정리합니다.

오늘 이 시간 사랑의 하나님뿐 아니라 공의의 하나님도 균형 있게 바라봄으로써 철저한 회개로 죄와 싸워 이기는 우리가 되었으면 좋겠습니다.

하나님의 잔소리였습니다.

17. 자유 의지

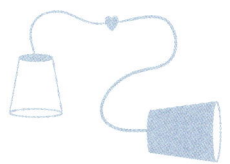

 우연히 TV를 보다가 일본에서 똑똑한 로봇 강아지를 만들었다는 내용을 보게 되었습니다. 그 로봇 강아지에 프로그램이 깔려 있어서 주인이 원하는 행동들을 입력해 놓으면 "리모컨 가져와라" 등등 사람에게 필요한 기본적인 명령들을 수행할 수 있다고 설명하더라구요.

 신선했습니다. 로봇 강아지에게 프로그램으로 명령들을 입력만 해놓으면 주인이 원하는 행동들을 한다는 뜻이잖아요. 내가 집 문을 열면,
 "주인님 오셨습니까. 고생 많으셨어요."
 하는 음성이 나오면서 반갑게 왈왈 짖는 모습도 보일 테구요. 앞에서 말한 것처럼 "리모컨 가져와" 하면 리모컨도

편하게 가져다주고 말입니다.

일반 강아지들은 사실 리모컨 하나 가져 오는 훈련을 시키기도 쉽지 않죠. 사료값도 많이 들고, 털도 날리고, 심지어 똥오줌도 주인이 치워야 되고 여간 불편한 게 아니죠.

반면에 로봇 강아지는 사료값도 안들고, 털도 안 날리고, 똥오줌도 안 싸고 기본적인 명령들도 프로그램으로 수행할 수 있고 얼마나 효율적이고 편리해요?
그럼에도 불구하고 로봇 강아지를 사고 싶은 마음은 전혀 들지 않았어요. 왜일까요?

로봇 강아지는 살아있지 않기 때문입니다. 배터리로 움직일진 모르지만, 움직이더라도 로봇 강아지를 살아있다고 표현하지는 않습니다. 작동한다고 표현할 뿐이죠.
아무리 퇴근 후 집문 앞에서 반갑게 짖어 대도 그건 그렇게 행동하라고 강제적으로 프로그램이 입력된 거죠. 강제적인 건 기쁘지가 않습니다.

사료값이 나가고, 털도 날리고, 똥오줌을 치워야 되는 번

거로움이 있다는 것을 '뻔히' 알고 있지만 저는 살아있는 강아지를 가지고 싶더라구요. '살아있는' 강아지를요.

그렇다면, 왜 우리는 '살아있는' 강아지를 가지고 싶어 할까요?
여러 가지 이유가 있겠지만 그 중의 큰 이유 중 하나는 '나를 가장 좋아하겠지'라는 기대가 있어서 아닐까요?
강아지 스스로의 선택으로 다른 사람들보다 주인을 가장 좋아할 때 주인은 너무 기쁘겠죠.

반면에 로봇 강아지가 프로그램에 세팅된 대로 주인에게만 반가움을 표현한다 해도 우리는 그 모습을 보고 '기뻐하지는' 않을 겁니다. 강제적인 거니까요. 강제적인 것은 기쁘지가 않습니다.

살아있는 강아지가 다른 사람에게도 꼬리를 흔들며 다른 사람의 품에 안길 수 있는 자유가 주어졌음에도 불구하고, 또한 다른 사람의 손에 그 강아지가 가장 좋아하는 간식이 있음에도 불구하고, 강아지 스스로의 '자유 의지'로 간식도 포기하고 주인 품에만 안기려 할 때, 주인은 너무 '기쁩니다.'

저의 개인적인 생각입니다만, 하나님도 그 기쁨을 맛보시기 위해 우리에게 '자유 의지'를 주신 것 아닐까요?

자유 의지로 선악과를 따먹을 것을 아시면서도, 자유 의지로 하나님께 돌아올 때의 기쁨 말이죠.

여러 세상의 즐거움을 선택할 자유가 있음에도 불구하고 우리의 '자유 의지'로 세상의 즐거움들을 포기하고 하나님을 먼저 선택할 때 하나님은 가장 '기뻐'하시지 않을까요?

사실 만왕의 왕이시라면 강제로 우리를 충분히 그분의 명령에만 움직이게 하실 수 있는데도 끝까지 우리의 '자유 의지'로 돌아올 그 '기쁨'을 맛보시기 위해서 자신의 아들인 예수님까지도 십자가에 못 박으셨던 것은 아닐까요?

"내가 너로 인하여 기뻐하노라."

이제는 우리 스스로 하나님께 돌아갈 때인 것 같습니다.

하나님의 잔소리였습니다.

18. 만족

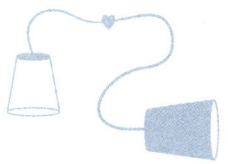

사람은 욕심이 참 많은 것 같습니다.

반지하 월세에 살면 반지하만 벗어나면 행복할 것 같고, 반지하를 벗어나 원룸에 살면 투룸 정도 돼야 행복할 것 같고, 투룸에서 살면 아파트에는 살아야 행복할 것 같고, 아파트에 살면 적어도 24평 이상은 돼야 행복할 것 같고, 24평 아파트에 살면 32평은 넘어야 행복할 것 같고 등등.

마티즈 타면 아반떼를 타야 행복할 것 같고, 아반떼를 타면 소나타는 타야 행복할 것 같고, 소나타를 타면 그랜저는 타야 행복할 것 같고 등등.

정말로 사람은 참 욕심이 많은 것 같습니다.

사람은 과연 얼마만큼을 가져야 '만족'이라는 것을 할까요?

통장에 1억이 있으면 만족할까요?

분명 10억을 향해 욕심을 가질 겁니다. 10억이 있으면 100억을 향해, 100억이 있으면 1000억을 향해, 1000억이 있으면 1조를 향해 끊임없이 욕심 가질 겁니다.

뉴스만 봐도 욕심의 증거는 끊임없이 쏟아져 나옵니다. 대기업 회장들을 보면 답은 나오죠.

자산이 수조 원이 넘어도 권력과 재력에 계속 욕심을 내지 않습니까?

사람은 아마 온 우주 정도는 다 가져야 만족할 겁니다.

그렇다면 온 우주를 가지는 게 가능할까요?

불가능합니다.

그렇다면 다른 방법을 찾아야 합니다. 온 우주를 가지는 것과 같은 효과를 지닌 그 방법을 말이죠.

피카소의 그림 중 일부는 수천억 원에 거래되고 있습니다.

수천억 원의 값어치가 있는 피카소의 그림과 그 그림을

그린 피카소 중에 둘 중 하나를 가진다면 여러분은 무엇을 가지겠습니까?

무엇이 더 가치가 있는 걸까요?

피카소입니다. 피카소의 그림이 수천억 원에 달한다고 해도 그 그림을 그린 피카소가 더 가치가 있죠.

마찬가지로, 온 우주가 아무리 가치가 있다 하더라도 온 우주를 만든 존재는 더 가치가 있을 겁니다.

그 존재는 바로 '하나님'입니다. 온 우주를 창조하신 그분, 하나님을 가져야 진짜 만족을 얻을 수 있습니다.

이것이 수조 원의 재산이 있음에도 불구하고 만족을 못하는 인간이라는 존재가 진짜 만족을 누리는 비밀입니다.

온 우주 정도는 가져야 만족을 느끼는 인간이라는 존재가 만족을 느낄 수 있는 가장 현실적인 방법은, 바로 온 우주를 만든 존재를 가지는 겁니다.

역설적이죠.

신앙은 눈에 보이지 않아서 비현실적인 것 같지만 저는 오히려 가장 현실적인 것 같습니다.

"너희가 나를 믿으면 내가 너희 안에, 너희가 내 안에 거한다"고 말씀하셨습니다. 우리가 하나님을 믿는다면 그분께서 우리의 마음 속에 오신다고 성경에 써 있네요. 하나님을 가질 수 있는 방법은 바로 '하나님을 믿는' 겁니다.

정리합니다.

인간이라는 존재는 온 우주를 가져야 만족할 겁니다.
그러나 온 우주를 만든 존재를 가진다면 온 우주를 가진 것보다 더 큰 만족이 오겠죠.

그 존재를 가지는 방법,
바로 하나님을 믿는 겁니다.
하나님을 믿는 자의 마음속에 하나님께서 직접 거하신다고 말씀하셨습니다.

하나님을 가집시다.
그리고 진짜 만족을 누려봅시다.

하나님의 잔소리였습니다.

19. 말씀

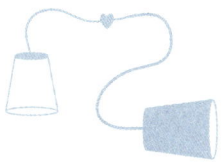

 신앙생활을 함에 있어서 중요한 여러 요소들이 있습니다. 말씀, 기도, 예배, 찬양, 봉사 등등이 있죠.

 우리가 일반적으로 기도할 때,
 "예수님의 이름으로 기도 '드렸습니다,' 아멘."
 하고 말하죠?
 기도는 내가 하나님께 '드리는' 겁니다.

 예배도 보통 드린다고 표현하죠?
 교회에서 예배 '드린다'고 말하지 않습니까?
 예배도 내가 하나님께 '드리는' 겁니다.

찬양도 마찬가지죠?

찬양 '드린다'라고 표현합니다.

봉사도 내가 하나님께 '드리는' 겁니다.

정리하면, 기도, 예배, 찬양, 봉사 모두 내가 하나님께 '드리는' 겁니다.

하지만 오직! '말씀'만이 내가 드리는 것이 아닌, 위에서 아래로 내려오는 겁니다.

기도, 예배, 찬양, 봉사는 내가 '드리는' 것이지만,

오직 말씀만이 내가 '받는' 거죠.

신앙생활 가운데 우리의 힘만으로 기도, 예배, 찬양, 봉사를 드리려고 하니까 점차 문제가 생기기 시작합니다.

기도를 해도 해도 재미없고, 왜 하는지 모르겠고,

예배를 드려도 졸리고, 따분하고, 삶은 변화되지 않고,

찬양도 그냥 생각없이 입만 벌려 소리만 내고 있고,

봉사도 그냥 직책을 맡았으니까 억지로 하고….

어쩌면 당연한 결과입니다. 그게 지극히 정상입니다.

사람은 기본적으로 신을 만날 자격과 능력이 없거든요. 사람이 온갖 행위를 동원해 봤자 사실 신을 만날 수는 없습니다. 아무리 사람이 온갖 기도와 예배와 찬양과 봉사를 드린다 해도 우리는 하나님을 만날 수 없습니다.

차원이 다른 존재니까요!

개미가 발버둥 치며 온갖 행위를 한다고 해서 사람과 대화할 수 없듯이요.

일반시민이 대통령을 만나려고 청와대에서 소리치면 대통령을 만날 수 있을까요?

경호원들이 쫓아냅니다.

하지만, 대통령의 친필 싸인이 담겨있는 초청편지를 경호원에게 보여주면 통과시켜주겠죠.

마찬가지입니다.

하나님이 자신의 피로써 친필싸인하신 초청편지, 즉 '성경'이라는 '말씀'편지를 지니고 있어야 우리가 하나님을 만날 자격이 생긴다는 겁니다. 원래는 자격이 없었음에도 불구하구요.

내 힘만으로는 그 어떠한 것도 하나님께 제대로 드릴 수 없습니다. 하지만 오직 위로부터 '받은' 능력이라면 내가 제대로 '드릴' 수 있습니다.

오직 위로부터 내려온 '말씀'이라는 반석 위에 예배, 기도, 찬양, 봉사가 세워져야 쓰러지지 않습니다.

일주일 동안 성경책이 집구석 어딘가에 처박혀 있었습니까?

하나님을 구석에 처박아 둔 것입니다.

말씀이 육신 되어 예수님으로 오셨다고 성경에 나와 있습니다. 예수님을 구석에 처박아 둔 것입니다.

사랑하는 사람이 자신의 마음을 편지에 담아 전달했는데 그 편지를 뜯어보지도 않고 '왜 답장이 없을까?'라고 한다면 편지를 보낸 사람은 뭐라고 생각할까요?

마찬가지로 성경을 보지도 않고 '기도응답이 왜 이렇게 안 오지?'라고 투덜거리고 있으면 하나님은 어떻게 생각하실까요?

이미 성경이라는 편지 속에 그 기도응답을 다 적어두셨을지도 모르는데 말이죠.

정리합니다.

예배, 기도, 봉사, 찬양 등은 모두 내가 '드리는' 것입니다. 하지만 오직(!) 말씀만이 내가 '받는' 것입니다. 오직 위로부터 '받은' 능력으로 내가 제대로 '드릴' 수 있습니다.

오직 위로부터 주시는 능력 없이는 내가 제대로 드릴 수 없습니다.

오늘 이 시간 '말씀'의 반석 위에 서서
무너지지 않는 예배,
무너지지 않는 기도,
무너지지 않는 봉사,
무너지지 않는 찬양을 드립시다.

하나님의 잔소리였습니다.

20. 목숨은 시간이다

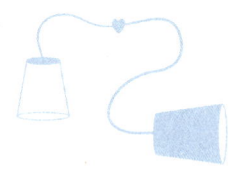

 한 사람이 100세를 산다고 했을 때 주어진 시간은 100년입니다. 또 다른 사람이 병에 걸려서 6개월을 살 수 있다고 선고받았다면 이 사람의 목숨은 6개월입니다. 주어진 시간은 6개월입니다.
 이처럼 시간과 목숨은 어떻게 보면 같은 의미일 수 있습니다.

 예를 들어볼게요.
 어떤 학생이 "나 이번에 목숨 걸고 공부할 거야"라고 엄마에게 말하고, 공부를 시작했다고 가정해볼게요.
 이 학생은 어떻게 공부하겠다는 뜻이죠?
 잠자고 밥 먹는 시간을 제외하고 대부분의 시간을 공부하는 데 쓰겠다는 뜻과 같습니다.

"나 목숨 걸고 살 뺀다."
하고 말하는 여성분이 있다고 가정합시다. 대부분의 시간을 살 빼는 곳에 투자하겠다는 뜻이죠. 많은 시간을 운동하는 데 할애한다든가요.
목숨은 시간이라는 말과 의미가 많이 비슷한 것 같습니다.

저는 낚시를 좋아합니다.
한창 낚시를 좋아할 때는 하루에 3시간씩 낚시를 매일 하기도 했습니다. 그리곤 집에 들어와서 낚시 카페를 서핑하며 낚시 노하우를 공유받기도 하구요. 낚시에 관련된 곳에 시간을 쏟았습니다. 하루에 꽤나 많은 시간을요.

축구를 좋아하는 남성들 많습니다.
유럽의 유명한 축구선수들의 경기를 잠을 줄여가면서까지 라이브로 시청하기도 합니다. 유럽의 축구시간은 대부분 한국시간으로 새벽이 많거든요.
또한, 인터넷으로 축구경기들의 결과를 확인하고, 주말

에는 조기축구회까지 참여하기도 합니다.

축구 또는 축구와 관련된 것들에 새벽잠을 줄여가면서까지 시간을 쏟습니다.

드라마를 좋아하는 분들도 많습니다.

당연히 드라마를 시청하는 데 시간을 쏟습니다. 퇴근 이후의 1시간 또는 2시간 정도의 시간을 들여 드라마를 시청하죠.

또는 동시간대에 보고 싶은 드라마가 동시에 방영한다면, 실시간으로 보지 못한 드라마를 인터넷으로 다운받아 시청하기도 합니다. 드라마에 많은 시간을 쏟습니다.

게임 좋아하는 분들도 많죠.

컴퓨터게임도 부족해서 핸드폰으로까지 시도 때도 없이 게임을 실행합니다. 게임에 시간을 쏟습니다.

좋아하는 이성 친구가 생겼을 때에도 마찬가지로 시간을 쏟습니다. 시도 때도 없이 카톡을 하고, 전화를 하고, 일이 끝난 이후 만남을 갖고, 주말에 또 만나고, 여행 가고 등등.

정리하자면, 사람은 좋아하는 것에 반드시! 시간을 쏟습니다.

말씀 한번 볼까요?
마태복음 22장 37절입니다.

> 예수께서 가라사대 네 마음을 다하고 "목숨"을 다하고 뜻을 다하
> 여 주 너의 하나님을 사랑하라 하셨으니(마 22:37).

자, "목숨"이라는 단어가 나왔습니다. 앞에서 말한 것처럼 목숨이라는 단어를 이해하기 쉽게 '시간'으로 바꾸어 보겠습니다.

> 예수께서 가라사대 네 마음을 다하고 "시간"을 다하고 뜻을 다하
> 여 주 너의 하나님을 사랑하라 하셨으니.

하루에 얼마만큼의 시간을 하나님께 드리고 계십니까?
시간을 다하여 하나님을 사랑하고 계십니까?
아니면 시간을 다하여 축구, 드라마, 게임 등등 다른 것들을 사랑하고 계십니까?

20. 목숨은 시간이다

취미생활에 시간을 들이는 것을 정죄하는 것이 아닙니다. 취미생활에 들이는 시간 이상으로 하나님께 시간을 드리고 계신다면 저 말씀에 크게 반하는 것 같지는 않습니다.

하지만, 취미생활에 들이는 시간보다 하나님께 드리는 시간이 적다면 제 생각에는 정말로 큰 문제가 아닌가 싶습니다.

제가 하나님보다 낚시에 더 많은 목숨을 드려서인지 하나님이 질투를 하신 것 같아요. 항상 차 트렁크에 낚싯대를 넣고 다녔는데, 졸음운전 차가 제 트렁크를 들이받아서 낚싯대가 전부 부러졌죠. 차는 폐차 상태가 되었구요.

그 와중에 저는 사랑하시는지 뼈 하나 안 부러지고 지금 이렇게 멀쩡히 책을 집필하고 있습니다.

하나님은 질투의 하나님입니다.

우리가 하나님 외에 다른 곳에 시간을 더 많이 쏟는다면 질투의 하나님은 그분의 사랑을 저와 같이 몽둥이로 표현하실지 모르겠습니다.

혹자들은 이런 말들을 합니다.

"시간이 중요한 게 아니라 전심으로 단 5분이라도 하나님께 기도하면 된다."

제가 가장 좋아하는 이성 친구 비유를 예를 들어보겠습니다.
남자친구가 여자친구를 만났어요. 만나자마자 딱 5분 만에 갑자기,
"5분이면 충분하다. 잘 봤다. 5분 동안 다른 생각 하나도 안 하고 집중해서 니 생각만 하고 니 말 잘 들었다. 이젠 친구들하고 PC방에서 게임하기로 약속이 되어 있어서 가볼게."
하고 말한다면 여자친구는 뭐라고 할까요?

'온 마음을 다해서 5분 동안 나 만난 거니까, 비록 5분밖에 같이 못 있었더라도 저 남잔 진심으로 날 사랑하는구나.'
하고 생각하시겠습니까?
아니면 '나보다 게임이 더 좋으니까 저렇게 핑계 대는구나'라고 생각하시겠습니까?

정리합니다.

하나님을 목숨을 다하여 사랑하는 자는,
'시간을 다하여' 하나님을 사랑하는 자입니다.

하나님의 잔소리였습니다.

21. 변화

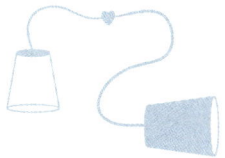

한 아버지의 아들이 있었습니다.

이 아들은 다른 친구를 때리는 버릇이 있었습니다. 어느 날, 결국 사고를 쳤습니다. 옆 친구를 너무 심하게 때려서 경찰서에 끌려갔습니다. 폭행은 형사처벌이라 피해자와 합의를 하지 않으면 구속입니다. 감옥에 간다는 뜻입니다.

아들은 아버지를 불렀습니다. 감옥에 가는 것이 싫어서 합의금을 좀 내주실 수 없겠냐고 아버지께 부탁했습니다.

이 상황에서 아들이 원하는 것은 무엇인가요?
바로 아버지가 합의금을 피해자에게 주어서 감옥에 가는 것을 피하는 것입니다. 아들은 이 문제의 해결을 원합니다.

하지만 아버지가 원하는 것은 무엇일까요?

아들이 감옥에 가지 않는 것보다 더 원하는 것은 아들이 다른 사람을 때리지 않는 사람으로 '변화'하는 것입니다.

아들이 다른 사람을 때리는 습관을 버리지 않는다면 차라리 아들을 감옥에 가게 놔두는 것이 멀리 봤을 때 아들에게 더 도움이 될 수 있습니다. 감옥에서 자신의 행동을 반성하고 그 나쁜 습관을 버리는 것이 오히려 아들에게 도움이 되는 길이죠.

아들이 감옥에 가지 않으려면 아버지께 다시는 다른 사람을 때리는 행동을 하지 않겠다고 전심으로 약속해야 합니다. 그리고 약속한 대로 '변화'해야 합니다. 그래야 아버지가 합의금을 피해자에게 주어 처벌을 피하게 하겠죠.

혹시 지금 이런저런 삶의 문제들로 하나님께 기도드리고 계십니까?

우리가 원하는 것은 그 문제들이 '해결'되는 것이죠.
하지만 하나님이 원하시는 것은 사실 문제 해결이 아닙니다. 내가 '변화'하는 것이 하나님이 원하시는 것입니다.

아들은 감옥에 안 가는 것이 목적이지만 아버지는 아들이 다른 사람을 때리지 않는 사람으로 '변화'되는 것이 목적이죠. 아들이 정신 못 차린 상태에서 당장 감옥에 안 가게 합의금을 줘봤자 다른 사람 또 때려서 감옥 또 옵니다.
의미 없습니다.

마찬가지로 우리는 문제 해결이 목적이지만 하나님은 우리가 하나님을 찾는 사람으로 '변화'되는 것이 목적입니다. 우리가 정신 못 차린 상태에서 하나님이 우리의 문제들을 해결해 주셔 봤자 또 하나님 찾지 않습니다.
의미 없습니다.

하나님 입장에서는 우리가 하나님을 찾는 습관을 들이지 않는다면 차라리 삶의 문제 가운데서 고통을 느끼게 놔두는 것이 멀리 봤을 때 우리에게 더 도움이 될 수 있습니다. 삶의 문제와 고통 가운데서 하나님을 찾지 않는 자신의 행동을 반성하고 이 나쁜 습관을 버리는 것이 오히려 우리에게 도움이 되는 길이죠.

하나님께서 우리의 삶의 문제들을 해결해 주시길 원한다면 하나님께 다시는 하나님을 찾지 않는 습관을 버리겠다고 전심으로 약속해야 합니다. 그리고 약속한 대로 '변화'해야 합니다.

그래야 하나님이 삶의 문제들 가운데 건져내 주시겠죠.

지금 우리를 돌아봅시다.
삶의 문제들이 산더미인데도 불구하고 하나님 안 찾고 있잖아요.
기도 안 하잖아요.
말씀 안 보잖아요.
심지어 그 문제를 위해서도 기도 안 하잖아요.

하나님이 계신지 안 계신지 찾아보지도 않고,
"하나님 정말 계시긴 한 겁니까?"
라고 불평만 하고 있잖아요.
우리가 정말로 하나님을 찾아는 보았나요?
찾아는 보고 없다고 말하는 건가요?

하나님 입장에서는 우리들이 문제 해결을 위해서라도 하

나님을 찾게 해야 하지 않겠습니까?

문제가 있어도 하나님을 찾지 않는데 하나님이 문제를 해결해 주실까요?

문제가 있어도 하나님을 찾지 않는 사람이 문제가 해결이 되면 하나님을 찾을까요?

전 절대 불가능하다고 생각합니다.

'나는 하나님을 정말 사랑하는데 기도는 요즘 못 해요.'
'말씀도 요즘 못 봐요.'
라고 착각하지 말아야 합니다.

제대로 사탄 마귀에게 속고 있는 겁니다.
하나님을 사랑하지 않는 겁니다.

다시 한 번 말씀드립니다.
우리는 하나님을 사랑하지 않고 있는 겁니다.
남자친구가 여자친구의 전화를 1주일 동안 단 한 번도 받지 않고, 문자가 와도 1주일 동안 단 한 번도 답장 안 했는데 남자친구가 여자친구에게,
"나는 그래도 너를 사랑해"라고 말하면 믿으시겠습니까?

새빨간 거짓말이죠.

마찬가지로 지금 기도 생활, 말씀 생활이 없다면 하나님을 사랑한다고 착각하는 것이지 하나님 사랑하는 거 아닙니다.
사탄 마귀의 달콤한 속삭임에 속지 마십시오.

믿음은 행위에 반드시 반영됩니다.
행위가 있다고 믿음이 반드시 있는 것은 아니지만,
행위가 없으면 믿음은 반드시 없습니다.

"나더러 주여 주여 하는 자가 천국에 들어가는 것이 아니라 아버지의 뜻대로 '행하는' 자라야 천국에 들어간다"고 성경에서 말씀하셨습니다.

정리합니다.

우리는 문제 해결이 목적이지만 하나님은 우리가 하나님을 찾는 자로 '변화'되는 것이 목적입니다. 우리가 하나님을 찾는 자로 '변화'되지 않는 한 하나님은 문제를 해결해 주시지 않습니다.

정신 못 차린 상태에서 아들을 감옥에서 빼내 봤자 또 같은 죄로 감옥에 들어갑니다. 정신 못 차린 상태에서 문제가 해결되어 봤자 날마다 같은 죄 또 짓고 삽니다.

차라리 삶의 문제 가운데 하나님을 찾는 자가 될 때까지 10년이고 20년이고 그냥 두시는 게 하나님 입장에서 맞는 선택이지 않을까 싶습니다.

하나님은 우리의 '환경'보다,
우리의 '마음'이 변하길 원하십니다.

하나님의 마음에 쏙 드는 자로 '변화'하여 하나님의 마음을 훔치는, 영적으로 매력적인 우리가 되었으면 합니다.

하나님의 잔소리였습니다.

22. 보다 vs 듣다

앞에서도 말씀 드린 적이 있지만 저와 매일 영적으로 교제하는 기독교인이 있습니다.

이분과 정말로 매일 하루 2통 이상의 전화를 1회당 30분 이상 통화를 하고 있습니다. 전화 내용의 90% 이상은 하나님에 대한 얘기죠.

오늘 하루를 살아가면서 이런저런 일들이 있었는데, 하나님께서 인도해 주신 것 같다. 또한 이런저런 어려움이 있는데, 하나님께서 그 일을 통해 우리들에게 어떤 모습을 원하시는지 궁금하다 등등요(호칭을 '형'이라고 정리할게요. 남성이라고 하니까 뭔가 굉장히 거리감이 느껴지네요).

그 형과 그렇게 매일 통화를 3개월 정도 했습니다.
그러다가 시간이 둘 다 맞는 날이 있길래,
"밥이나 한 끼 하자"라고 말이 나왔고,
3개월만에 같이 밥을 먹게 되었습니다.

만나서 뼈해장국을 먹는데 그 형이 이러는 거에요.
"야, 3개월만에 만났는데 왜 어색하지가 않냐?"
"맨날 1시간 이상 통화했는데 왜 어색해요?"
"그런가?"
또 열심히 밥도 말아서 먹었죠.

집으로 돌아가는 길에 그 형하고 나눴던 얘기들을 곰곰이 다시 생각해 봤습니다. 생각해 보니 이상하더라구요.
'진짜로 3개월만에 만났는데도 왜 어색하지 않았을까?'

그때 깨달았습니다.
누군가와의 관계는 '보는 것'에 있지 않고 '듣는 것'에 있다구요.

아무리 오랫동안 서로를 쳐다보고만 있다고 해서 관계가

좋아지진 않습니다. 쳐다만 보고 아무 말도 하지 않으면 친해질 수는 없겠죠. 관계에서 가장 필요한 요소는 '대화'라는 것을 깨달았습니다.

'전화로 대화가 끊이지 않았다면 비록 얼굴을 서로 오랫동안 '못 보았더라도' 관계는 발전할 수 있구나!'

우린 사실 하나님께 많은 것들을 보여달라고 요구하는 것 같습니다.

"삶의 문제, 어려움, 고난 등등이 해결되는 것을 '보여'주세요. '보여'주시면 더 열심히 믿을께요. 보여주세요…."

정작 하나님께서 여러 가지들을 '보여주셔도' 문제는 해결될지언정 하나님과 관계가 좋아질 것이라고는 생각되지 않습니다.

예를 들어볼게요.

자녀가 아빠에게, "저 돈 좀 주세요"라고 말했을 때 아빠가 자녀에게 돈을 만원을 주면 아빠와 자녀와 관계가 더 좋아지는 걸까요?

또한 1만원을 주다가 10만원을 주면 아빠와 자녀와의 관계가 더 좋아지는 걸까요?

저는 그렇게 생각되지 않습니다. 관계가 나아지기보다 자녀의 눈높이만 더 높아지겠죠.

'이번엔 100만 원을 달라고 해도 잘하면 주시지 않을까?'

하나님이 우리의 삶의 문제들이 해결되는 것을 '보여주시면' 과연 하나님과 우리의 관계가 더 좋아질까요?

우리가 달라는 것보다 더 큰 것들을 하나님께서 주시면 그 전보다 더 하나님과의 관계가 좋아질까요?

저는 그렇게 생각되지 않습니다. 우리의 눈높이만 더 높아지겠죠.

자녀가 계속 돈만 달라고 하니까 아빠는 속상해서 말합니다.

"아빠는 너하고 친해지고 싶어. 대화 좀 하자. 오늘 어떻게 지냈니?"

자녀는 이렇게 대답합니다.

"매일매일 아빠에게 돈 달라고 '말'했잖아요. 내가 언제 아빠하고 '대화'를 하나도 안 했다는 거에요? 쉬지 않고 매일매일 아빠한테 말했어요."

22. 보다 vs 듣다

우리도 이런 행동을 하고 있는지 모르겠어요.

"하나님, 이런저런 어려움과 고난이 있습니다. 해결해주세요."

라는 기도를 매일매일 했다고 이걸 진짜 하나님과 매일 대화하고 있다고 착각하는 것이요. 이건 돈 달라고만 계속 말한 것과 다르지 않죠.

정리하겠습니다.

지금 우리는 어떤 기도들을 하고 있습니까?
하나님께 문제 해결 되는 것을 '보여'달라고 기도하고 계십니까?
아니면 정말로 말씀과 기도로써 하나님과 '대화'하고 계십니까?

관계의 발전은 '보는 것'이 아니라 '듣는 것' 즉 대화입니다. 하나님과 진짜 '대화'를 나누는 우리가 되길 소망합니다.

하나님의 잔소리였습니다.

23. 블라인드 테스트

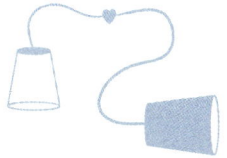

'블라인드 테스트'(blind test)란 특정 정보를 차단하고 실험하는 것을 말합니다. 예를 들어, 눈을 가리고 코카콜라와 펩시콜라를 먹게 한 다음 어떤 콜라가 더 맛있느냐 물어보는 실험 같은 거죠.

얼마 전에 유튜브를 보니 기아자동차의 K7 차량을 해외에 수출해서 실험대상인 사람들의 눈을 가리고 K7 차량의 운전석에 앉게 한 다음 이 차가 어떤 차인지 맞춰보라는 실험을 하더라구요.

차에 앉은 실험자는 눈이 가려져 있으니 차량 내부를 하나하나 손으로 더듬고, 시동 소리 등을 들으면서 그 차가 어떤 차인지 추리하기 시작하죠.

3명에게 실험을 했는데 한 명은 BMW라고 대답하고 한 명은 벤츠라고 대답하고 한 명은 아우디라고 대답하며 이 영상은 끝이 납니다.

기아자동차는 K7의 어떤 목적으로 이 영상을 제작했을까요?

"너희들이 이 차의 브랜드가 기아자동차라는 선입견만 버리면 실제로는 벤츠, BMW, 아우디 같은 좋은 차이다"라는 것을 영상을 통해 말하고 싶었던 거겠죠.

저의 개인적인 생각입니다만, 이 영상은 실패한 광고영상이라 생각합니다.

과연 소비자들은 이 영상을 보고 K7을 살까요?

아니면 BMW, 벤츠, 아우디를 살까요?

BMW, 벤츠, 아우디와 성능이 비슷하다면 원조격인 BMW, 벤츠, 아우디를 사야지 왜 K7을 사겠습니까?

아무리 비슷하다 해도 결국 그냥 따라한 건데요.

기아자동차는 무엇을 놓친 걸까요?

자신만의 매력을 놓친 겁니다. BMW, 벤츠, 아우디에도 없는 자신만의 매력을 어필했어야 합니다.

블라인드 테스트를 했을 때에도 그 차에 앉은 실험자가 BMW, 벤츠, 아우디가 아니라 "이건 기아자동차야!"라고 대답이 나와야 성공한 겁니다.

신인 연예인이 나왔을 때 누구누구라고 본인 이름이 불려야 성공한 거지 김태희 닮은 연예인이라고 불리면 당장은 좋은 것 같더라도 사실 성공한 게 아니죠. 본인의 매력이 없는 연예인이라는 뜻이기도 하니깐요.

자, 그럼 누군가가 우리를 보고 우리를 평가할 때 착한 사람, 능력 있는 사람, 멋있는 사람, 예쁜 사람, 친절한 사람 등으로 평가한다면 과연 성공한 걸까요?

당장은 기분 좋을 수 있겠지만, 저는 실패한 것이라고 생각합니다.

누군가가 우리를 보고, "저 사람은 그리스도인이다"라는 반응이 나와야 성공한 것이라 생각합니다.

"저 사람은 교회 다니는 사람이야!" "저 사람은 예수 믿는 사람이야!"라는 반응이 나와야 성공한 것 아닐까요?

착한 사람, 멋진 사람, 예쁜 사람 이런 거 말구요. 세상 사람들이 가지고 있지 않은 나만의 어떤 매력으로 차별화되어야죠.

우리가 진짜로 그리스도인의 향기를 내뿜고 있다면 옆에 있는 사람들도 당연히 그 향기를 맡고 "이 향기는 분명히 그리스도인의 향기야"라고 대답이 나와야겠죠.

정리합니다.

우리는 우리 주변의 사람들에게 어떤 평가를 받고 있습니까?
나는 나를 객관적으로 볼 수 없습니다. 어쩌면 나를 가장 객관적으로 볼 수 있는 사람은 나의 가족, 친구, 직장동료들일 수 있습니다.

어딜 가든, 무엇을 하든 그리스도의 향기를 내뿜는 예수의 매력을 가진 우리가 되었으면 좋겠습니다.

하나님의 잔소리였습니다.

24. 사람은 쉽게 변하지 않는다

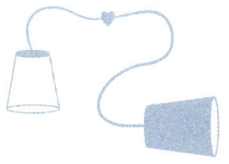

마태, 마가, 누가, 요한복음을 보면 예수님과 제자들의 행적이 많이 나옵니다.

3년 정도의 기간 동안 예수님과 함께 먹고 마시고, 직접 말씀도 듣고, 여러 가지 이적과 기적도 눈 앞에서 보구요. 또한 귀신 들린 자들을 내어쫓고, 질병이 떠나가게 하구요.

그 기적들을 보면 정말 놀라울 따름이죠. 인간의 상식으로는 도저히 이해가 안 되는 일들이 벌어졌습니다.

가나안 혼인잔치 사건부터 볼까요?

혼인잔치에 포도주가 다 떨어져서 예수님의 어머니가 예수님께 포도주가 다 떨어졌다고 말합니다. 그리고 하인들에게 예수님이 "무슨 말씀을 하시든지 그대로 하라"고 명합니다.

예수님께서는 하인들에게 항아리에 물을 채우라고 하시죠. 하인들은 시키는 대로 물을 항아리에 채웁니다. 그랬더니 그 물을 떠서 연회장에게 갖다주라는 겁니다. 또 시키는 대로 합니다. 그랬더니 사람들은 좋은 포도주를 왜 지금 주냐고 말을 합니다.

요한복음 2장 9절을 한번 읽어보겠습니다.

> 연회장은 물로 된 포도주를 맛보고도 어디서 났는지 알지 못하되 물 떠온 하인들은 알더라 연회장이 신랑을 불러(요 2:9).

하인들은 알았다고 적혀 있습니다. 자신들의 손으로 물을 떴는데 그게 포도주로 변한, 말도 안 되는 기적을 직접 경험했습니다.

그렇다면 상식적으로 하인들은 모든 걸 버리고 예수님을 따라야 하지 않나요?

누가 봐도 말도 안 되는 기적을 행하신 예수님인데 그들은 예수님을 따르지 않습니다. 만약 따랐다면 12제자 중에 포함되어 있었겠죠. 기적을 직접 체험했음에도 불구하고, 또한 예수님을 직접 보았음에도 불구하고 하인들은 변하지 않았습니다.

또 한 번 볼까요?

마태복음 14장 보면 오병이어의 기적이 나옵니다. 오천 명이 넘는 무리들이 예수님을 저녁 늦게까지 밥도 안 먹고 따르자 예수님께서 제자들에게 "너희가 먹을 것을 주라"고 명하십니다.

그러자 "우리에게는 떡 5개와 물고기 2마리밖에 없습니다"라고 대답하죠. 예수님은 "그것을 달라" 하시고, 축사하신 후에 제자들에게 나눠주라고 하셨죠. 5천 명이 넘는 무리가 다 배불리 먹고 남은 조각을 모아 보니 남은 양이 12바구니에 달했죠.

이 기적을 직접 경험한 제자들은 바로 한 장 뒤인 마태복음 15장에서 거의 똑같은 상황을 맞이합니다. 이번엔 5천 명이 아니라 4천 명의 무리가 광야에서 굶고 있는 상황입니다.

예수님은 또 비슷한 말씀을 하십니다. 이 무리들을 굶겨 보내지 못하겠다라구요.

그러면 상식적으로 5천 명을 먹이신 사건을 제자들이 진짜로 믿고 기억한다면 예수님의 저 질문에 뭐라고 대답해야 할까요?

"그때처럼 기적을 베푸셔서 이들을 먹여주십시오. 주님은 하실 수 있지 않습니까?"라고 해야 문맥이 맞지 않을까요?

그런데 또 이런 소릴 합니다. 마태복음 15장 33절을 보죠.

> 제자들이 이르되 광야에 있어 우리가 어디서 이런 무리가 배부를 만큼 떡을 얻으리이까(마 15:33).

거의 유사한 기적을 이전에 보았음에도 불구하고 그때와 비교했을 때의 믿음과 전혀 차이가 없죠. 기적을 보여줘도 제자들은 전혀 변하지 않았습니다.

베드로를 한번 볼까요?

예수님의 수제자로서 심지어 변화산에서 모세와 엘리야와 함께 예수님이 대화하는 것까지 목격한 사람이 베드로였습니다. 말도 안 되는 장면을 목격한 베드로도 결국 예수님을

3번이나 모른다고 부인하죠.

또한, 요한복음 20장을 보면 예수님께서 무덤에 안치되신 후 제자들은 유대인들이 두려워서 문을 걸어 잠그고 숨어있었죠.

예수님의 온갖 기적들을 다 보았음에도 불구하고 제자들은 우리들이 성경을 읽으며 상식적으로 기대하는 수준까지 변하지 않았습니다.

그렇다면 이들이 과연 언제 제대로 변할까요?
사도행전을 보면 나옵니다.

예수님께서 부활 이후 40일 동안 제자들과 함께 있으시면서 "예루살렘을 떠나지 말고 성령으로 세례를 받을 것을 기다리라"고 명하셨습니다. 그 후 약 120여 명이 함께 다락방에서 오로지 기도에 힘쓸 때에 오순절 날 성령이 임하셨죠.

그 이후 베드로의 설교 한 번에 약 3천 명이 회심합니다. 또한 제자들이 손만 얹으면 귀신들이 떠나가고, 앉은뱅이가 일어서는 이적들이 일어나기 시작합니다.

예수를 전하지 말라고 붙잡혀서 채찍질을 당함에도 불구하고 오히려 예수님 때문에 능욕을 받는 것을 기뻐하며 두려워하지 않고 또 예수님의 이름을 전합니다.

예수님과 같이 잠도 자고, 밥도 먹고, 말씀도 직접 듣고, 기적을 누구보다도 많이 경험했음에도 불구하고 변하지 않던 제자들이 오순절에 '성령' 하나님을 만나고 나서 전혀 다른 사람으로 변했습니다.

우리는 '삼위일체' 하나님을 믿습니다. 성부, 성자, 성령 하나님은 각기 다르시지만, 또한 하나라는 의미죠. 우리가 영, 혼, 육 3가지로 나뉘어 구성되어 있지만, 통틀어서 '나'라는 한 가지로 정리되듯이요.

하지만 삼위일체의 하나님 중 '성령님'을 마치 하나님 옆에서 돕는 '천사'의 개념으로 오해하는 경우가 생각보다 많은 것 같아요.

성령님은 살아계신 인격체이십니다. 우리와 똑같이 보고

듣고 느끼시는 '하나님'이시지 '천사'가 아닙니다. 또한 어떠한 '힘'이나 '에너지'가 아닙니다. 철저히 '하나님'이십니다. '예수의 영'이십니다.

요한복음 3장 5절에서 예수님께서 말씀하셨습니다.

> 사람이 물과 성령으로 거듭나지 아니하면 하나님의 나라에 들어갈 수 없느니라(요 3:5).

또한 사도행전 1장 8절에서 예수님께서 말씀하셨습니다.

> 오직 성령이 너희에게 임하시면 너희가 권능을 받고(행 1:8).

예수님께서 성령님에 대해 직접 언급한 구절이 많음에도 불구하고 단순히 '성령'이라는 단어를 글자로만 받아들이고 '인격'을 지니신 '하나님'으로 인정을 안 하니까 우리에게 권능이 없는 것 아닐까요?

또한 변화가 없는 것 아닐까요?

내가 교회를 다님에도 불구하고 영적인 복과 능력을 발휘하고 있지 않다면 무언가 문제가 발생했다는 것의 반증일 수 있습니다.

교회 가는 것이 습관적이고, 형식적이고, 나가지 않으면 뭔지 모를 죄책감이 생겨서 어쩔 수 없이 나가고, 맡은 직책이 있어서 책임감에 나가고….

지금 이런 상태라면 무언가 문제가 발생했다는 뜻일 수 있습니다. 1년 전에 교회 다녔을 때와 지금의 영적 상태가 별로 달라진 게 없는 것 같다라고 하면 무언가 문제가 발생했다는 뜻일 수 있습니다.

마태, 마가, 누가, 요한복음에서 시도 때도 없이 등장하는 것이 귀신을 내어 쫓고 질병을 고치는 사건이었습니다. 또한 예수님께서 승천하신 후에도 제자들이 일반적으로 했던 사역이 귀신을 내어 쫓고 질병을 고치는 일이었습니다.

누가복음 9장 1절을 보면, 귀신을 쫓는 축사(逐邪) 사역은 하나님의 특별한 은사를 소유한 사람만이 하는 것이 아니라, 그리스도의 제자라면 모두가 해야 할 사역이라고 말씀하고 계십니다. 그러나 대부분의 사람들은 축사 사역이 모든 그리스도인들이 갖는 특권이자 책임인 것을 모르고 있습니다. 모든 질병은 아니지만, 꽤 많은 질병들이 귀신들의 괴롭힘이라는 것을 성경을 통해서 알 수 있습니다.

축사 사역을 통해 오랫동안 앓아왔던 질병에서 해방되는 기쁨을 누리는 사람도 있습니다.

그런데 왜 우리들에겐 이런 권능이 없을까요?
귀신을 내어 쫓는다는 그분들은 정말 전부 이단일까요?
요즘 시대에는 그런 것들은 은사주의, 신비주의로서 피하고 경계해야 할 것들인가요?

물론 말씀 없이 은사만 추구해서 잘못된 길로 빠지는 경우들이 종종 있습니다만 '구더기 무서워서 장을 못 담근다'면, 오히려 사탄 마귀들이 바라는 형국이 아닐까 생각됩니다.

정리합니다.

예수님과 같이 먹고 자고, 기적까지 전부 보았던 제자들도 제대로 변하지 않았습니다. 하지만 성령님을 만나고서야 진정한 그리스도인으로 변화했습니다.

만약 우리가 지금 매주 교회를 습관적으로, 의무감에, 안 가면 찜찜하니까 정도의 생각으로 다닌다면, 또한 귀신을 내어쫓는 권세가 없다면 '예수의 영' 즉 성령이 충만한 상태가 아님을 제대로 인식해야 할 것 같습니다.

누가복음 11장 13절에 예수님께서 말씀하십니다.

> 너희가 악할지라도 좋은 것을 자식에게 줄 줄 알거든, 하물며 너희 하늘 아버지께서 구하는 자에게 성령을 주시지 않겠느냐 하시니라(눅 11:13).

성령은 예수를 증거하는 분이기 때문에, 오직 성령이라는 창을 통해서만 예수를 온전히 바라볼 수 있습니다.

무엇보다도 먼저 기도로 '성령님'을 구하고 찾아야 합니다. 그리고 고린도전서 4장 20절 말씀처럼 하나님의 나라는 '말'에 있지 아니하고 오직 '능력'에 있음을, '성령충만함을 통해 세상에 나타내길 원합니다.

하나님의 잔소리였습니다.

25. 사망원인

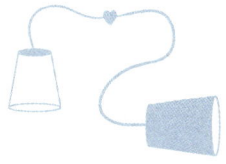

통계청에서는 매년 한국인의 사망원인을 통계내어 발표합니다.

그 중 사망원인 1위는 암으로 약 30%, 2위는 심장질환으로 약 10%, 3위는 뇌질환으로 약 10%입니다. 1~3위를 합치면 50%가 넘는데, 2명 중 1명은 암, 뇌, 심장을 원인으로 사망합니다.

이런 통계를 보기 전까지는 저는 사망원인 1위를 교통사고라고 생각했습니다. 왜냐하면 TV나 뉴스에서 교통사고를 많이 보도하기 때문입니다. 교통사고 사망은 사실 전체의 10%도 되지 않습니다.

결국 겉으로 보이는 물리적 외상에 의해 사망하기보다 대부분 겉으로 보이지 않는 몸 속의 장기들에 문제가 생겨서 사망합니다.

영적인 면으로 봤을때도 마찬가지인 것 같습니다. 눈에 보이는 것들 때문에 망하는 것이 아니라 눈에 보이지 않는 것들 때문에 망하는 것 같습니다.

성경책이 없어서 망하는 것이 아니라,
하나님의 말씀이 마음에 없어서 망하죠.

찬양단과 성가대가 없어서 망하는 게 아니라,
진심어린 찬양이 없어서 망합니다.

각종 교회모임이 없어서 망하는 게 아니라,
모임에 하나님이 없어서 망합니다.

기도할 목록을 적은 종이가 없어서 망하는 게 아니라
기도하는 삶 자체가 없어서 망합니다.

정리합니다.

뇌, 심장은 눈에 보이지 않습니다. 하지만 대부분의 사람들이 눈에 보이지 않는 뇌와 심장에 문제가 생겨서 죽습니다. 이처럼 정작 중요한 것은 오히려 눈에 보이지 않습니다. 하지만 눈에 보이지 않는 것에 문제가 생기면 죽습니다.

마찬가지로 중요하지만 눈에 보이지 않는 우리의 믿음에 문제가 생겨서 죽습니다. 믿음은 일요일에 교회 잘 나간다고 건강한 것이 아닙니다. 믿음은 찬양단 봉사 열심히 한다고 건강한 것이 아닙니다.

믿음은 성경책을 많이 가지고 있다고 건강한 것이 아닙니다. 믿음은 각종 교회모임에 많이 참석한다고 건강한 것이 아닙니다.

내 믿음이 건강한지, 병들었는지를 내 행동으로 판단하려 하지 말고 또는 다른 사람에게 판단받으려 하지 말고 하나님께 물어봅시다.

하나님께 검증받아야 진짜 믿음 아니겠습니까?

오늘 이 시간 골방에서 하나님을 1:1로 만나서 건너건너의 하나님이 아닌 나의 하나님을 만나는 귀한 역사가 이루어지길 소망합니다.

하나님의 잔소리였습니다.

26. 안다 vs 모른다

학교에 여러 학생들이 있죠.

공부를 잘하는 학생도 있겠고, 못하는 학생도 있을 겁니다.

조금 더 세분하게 나누어보면 자신이 공부를 잘한다는 것을 아는 학생이 있을 수 있고 자신이 공부를 잘한다는 것을 모르는 학생이 있을 수 있습니다.

또한 자신이 공부를 못한다는 것을 아는 학생이 있을 수 있고 자신이 공부를 못한다는 것조차 모르는 학생이 있을 수 있습니다.

공부를 잘 한다면야 그 사실을 알든 모르든 크게 문제는 없을 것 같습니다. 하지만 공부를 못한다면 공부를 못한다는 사실을 알고 있는 학생이 공부를 못한다는 사실조차 모르고 있는 학생보다는 희망이 있겠죠.

공부를 못한다는 사실을 일단 '알고는' 있으니 지금은 공부를 못하더라도 공부를 열심히 해야 한다는 생각은 할 테니깐요.

하지만 공부를 '못한다'는 사실조차 '모르고' 있는 학생은 공부를 해야겠다는 생각조차 안 할 테니 사실상 가장 위태로운 상태죠.

그렇다면 지금 이것들을 영적인 관점으로 대입해볼까요?

영적인 세계에서도 마찬가지로 자신이 하나님에 대해 잘 안다는 것을 아는 사람이 있을 수 있고 자신이 하나님에 대해 잘 안다는 것을 모르는 사람이 있을 수 있습니다.

또한 자신이 하나님에 대해 잘 모른다는 것을 아는 사람이 있을 수 있고 자신이 하나님에 대해 잘 모른다는 것조차 모르는 사람이 있을 수 있습니다.

위의 학생의 예에서 볼때 공부를 잘한다는 것은 학교 시험 성적이라는 객관적인 평가기준이 있어서 공부를 잘한다고 결론지을 수 있지만 영적인 면에서 하나님에 대해 잘 안다는 것은 사실 객관적인 평가기준이 없죠.

또한 '유한'한 사람은 '무한'한 하나님을 잘 안다는 것 자체가 불가능하다고 생각합니다.

때문에 자신이 하나님에 대해 잘 안다는 것을 안다는 것은 불가능하고 자신이 하나님에 대해 잘 안다는 것을 모른다는 것도 불가능하죠. 하나님에 대해 잘 안다는 것 자체가 불가능하니깐요.

그렇다면 우리의 영적 상태는 2가지 중 하나일 겁니다.

첫째, 하나님에 대해 잘 모른다는 것을 '아는' 사람.
둘째, 하나님에 대해 잘 모른다는 것조차 '모르는' 사람.

둘 중에 하나님에 대해 잘 모른다는 것을 '아는 사람'이 그나마 희망이 있죠. 모른다는 것을 알고 있으니 알려고 노력할 가능성이 있죠.

하지만 하나님에 대해 잘 모른다는 것조차 모르는 사람은 미래가 없습니다. 하나님을 알려고도 하지 않을 테니까요.

우리는 현재 이 2가지 중에 어느 편에 속해 있습니까?

26. 안다 vs 모른다

사실 성경을 보면 볼수록, 하나님을 찾으면 찾을수록 자신은 하나님에 대해 잘 모른다는 것을 발견하게 되죠.

마치 덧셈, 뺄셈만 알던 시절에는 수학이 쉽고 모든 문제를 다 풀 수 있을 것 같았는데 미분과 적분을 알게 되면서부터, 자신이 오히려 수학에 대해 잘 모른다는 것을 발견하게 되는 것처럼요.

더 공부하면 할수록 역설적으로 오히려 자신이 모른다는 것을 발견합니다.

정리합니다.

자신이 하나님에 대해 잘 모른다고 생각하는 사람은 복이 있습니다. 하나님에 대해 잘 모르겠다라고 생각하는 사람은 하나님에 대해 잘 모른다는 것만큼은 '아는' 사람이니까요.

진짜 위기는 하나님에 대해 생각조차 하지 않는 거죠. 하나님에 대해 생각조차 하지 않는 사람은 자신이 하나님에 대해 무엇을 모르고 있는지조차 모르는 사람이니까요.

오늘 이 시간 우리가 하나님에 대해 어떠한 것들을 '모르고' 있는지 성경을 통해 '알아보는' 것은 어떨까요?

오늘의 하나님의 잔소리였습니다.

27. 어제의 나와 같다면

고 3 학생이 수능 모의고사를 보았습니다.

진짜 수능시험이 아니라 모의고사입니다. 수능모의고사를 봤는데, 성적이 지난 모의고사와 똑같이 나왔습니다. 모의고사 성적이 계속 올라도 진짜 수능을 잘 볼까 말까인데 오르기는커녕 전과 성적이 똑같다면 학생 입장에서는 정말로 비상이 걸린 겁니다.

이 학생은 이제 어떻게 해야 할까요?

반드시 공부방법을 바꿔야 합니다. 기존에 해왔던 공부방법을 어떻게든 바꿔야 합니다. 기존에 해왔던 공부방법에 무언가 문제가 있으니 성적이 오르지 않는 거겠죠.

공부하는 시간을 더 늘리든지, 틀린 문제들을 따로 모아서 다시 보든지, 참고서를 바꾸든지, 참고서를 더 많이 보든지. 인터넷 강의를 다른 것을 듣든지, 학원을 더 다닌다든지 등등….

성적이 떨어진 원인을 찾아서 반드시 기존 공부 방법을 바꿔야 합니다. 기존 공부 방법대로 똑같이 또 공부한다면 다음 모의고사 때도 똑같은 결과가 나올 테니까요!

영적인 관점으로 적용해 봅시다.

우리가 작년보다 영적인 성장이 이루어지지 않았다면 어떻게 해야 할까요?

반드시 방법을 바꿔야 합니다. 지금까지 해왔던 신앙생활에 뭔가 문제가 생겼으니 영적 성장이 없는 거겠죠.

말씀을 더 본다든지, 기도 시간을 늘린다든지, 말씀을 잘못 해석하고 받아들이고 있진 않은지 돌아보고, 기도도 내용과 방법이 잘못되었는지 점검하고, 여러 기독교 관련 서적도 읽고, 중요한 것들을 놓치고 있진 않은지 찾아보는 등등….

왜 영적인 성장이 이루어지지 않았는지 어떻게든 원인

을 찾아내어 지금까지 해왔던 신앙생활에 대한 방법을 바꿔야죠.

계속 해왔던 대로 신앙생활하면 작년과 달라지지 않을 겁니다. 1년 전의 내 영적 상태와 지금의 내 영적 상태를 비교했을 때 나아졌는지, 똑같은지, 아니면 오히려 더 안 좋아졌는지는 본인 스스로가 가장 알 거라 생각합니다.

신앙생활에서 하나님의 은혜라는 사다리가 반드시 필요하지만 그 사다리를 올라가는 내 '노력'도 있어야 합니다.
믿음과 행위는 같이 갑니다. 지금 행위구원을 말하는 것이 아님을 다시 한 번 밝힙니다.

부모가 학생에게 회초리를 들면서 억지로 공부시키는 건 한계가 있습니다. 학생 스스로 공부를 왜 해야 하는지 동기부여가 되어서 부모가 시키지 않아도 알아서 공부하는 것이 최고의 상태죠.

마찬가지로 영적인 성장도 교회 담임목사나 주변 기독교인이 이렇게 저렇게 하면 좋겠다라고 조언을 해주는 것도 한계가 있습니다. 본인 스스로 하나님을 왜 찾아야 하는지 깨닫지도 못한 상태에서 누군가가 아무리 옆에서 이런저런 조언들을 해줘 봤자 다 짜증나는 소리밖에 안 되거든요.

기독교인 스스로 하나님을 왜 찾아야 하는지 깨달아서 목사나 주변 기독교인들이 시키지 않아도 알아서 하나님을 날마다 찾는 것이 기독교인에게는 최고의 상태죠.

저도 영적으로 가야 할 길이 너무나 먼 연약한 기독교인입니다. 모르는 영적 지식이 산더미죠.
하지만 나름 열심히 하나님을 더듬어 찾고 있는 중에 있고 그러던 가운데 정말로 중요하다고 느껴지는 것들을 기독교 모임에서나 혹은 특정 개인에게 그것을 공유하면 무시를 당하는 상황이 자주 발생하더라구요.

물론 제가 중요하다 느끼고 깨닫는 것들이 반드시 맞는 얘기는 아닐 수 있다고 생각합니다. 하지만 정말로 무시를 당하는 건지, 아니면 제가 오해하는 건지는 모르겠지만, 이럴 때마다 저도 상처가 크게 되더라구요.

곰곰이 생각해 보았습니다.
왜 이런 일이 발생했을까?

이것을 깨달았습니다.
학생 스스로 공부를 왜 해야 하는지 깨닫지 못한 상태에서 공부하라는 부모의 말은 '조언'이 아니라 '소음'으로 들리듯이 '하나님을 왜 찾아야 하는지 본인 스스로 깨닫지 못한다면 영적인 조언도 다 소음일 뿐이다.'

정리합니다.

학생이 저번 모의고사보다 성적이 오르지 않았다면 공부하는 방법을 바꿔야 합니다. 마찬가지로 1년 전보다 지금의 영적 상태가 나아지지 않았다면 신앙생활의 방법을 바꿔야 합니다.
1년 전 나와 하나님의 거리가 지금의 나와 하나님의 거리와 똑같다면 문제가 발생한 것입니다.

아인슈타인이 이런 말을 했습니다.
"어제와 똑같이 살면서 다른 미래를 기대하는 것은 정신 병 초기 증세이다."

어제보다 오늘은 하나님께 단 1cm라도 조금 더 가까이 다가가는 우리가 되었으면 좋겠습니다.

하나님의 잔소리였습니다.

28. 역전

 어렸을 때 집에서 국가대표 축구경기를 시청했던 기억이 있습니다. 마침 집에 아무도 없던 터라, 쓸쓸하게 혼자 봤죠. 전반전에 2골을 내리 먹히더라구요. 이대로 지겠다 싶어서 후반전에는 의욕 없이 경기를 봤습니다.

 그런데 놀랍게도 후반전에 3골을 넣어서 결국 최종 스코어 3:2로 역전에 성공했습니다.

 다음날 집에서 밥을 먹으려는데, 마침 어제 했던 축구가 재방송을 하고 있더라구요. 다른 채널에는 어차피 볼 만한 프로그램도 없고 해서 재방송이지만 그냥 틀어놨습니다.

 그때, 친구들하고 놀던 동생이 때마침 집에 들어오더니

재방송 축구에서 전반전에 2:0으로 우리나라가 지고 있는 것을 보고,

"아…, 지는 거 아냐 이거?"

라며 불안해 하는 것이었습니다.

저는 순간 장난기가 발동해서 동생에게 이것이 재방송이라는 것을 말하지 않았습니다. 그리고 후반에 3골을 넣어서 이길 것 같다고 했습니다.

동생은 형이 그걸 어떻게 아냐면서 계속 좌절감 속에서 축구경기를 보았죠.

후반전에 정말로 한국이 3골을 넣자 동생은 어떻게 그걸 알았냐며 물어보기 시작했습니다.

저는 그제서야,

"저거 어제꺼 재방송이야."

라고 실토를 했습니다.

자, 저는 왜 재방송을 보면서 전반전에 2:0으로 우리나라가 지고 있음에도 불구하고 왜 전혀 불안하지 않았을까요?

후반전에 3골을 넣을 것을 이미 본방송을 통해 보았기 때문입니다.

반대로 동생은 왜 불안해했을까요?

재방송임에도 불구하고 결과를 보지 못했기 때문입니다.

정리하면, 결과를 미리 보았다면 불안하지 않습니다. 내가 지금 불안하다면 결과를 보지 못했기 때문입니다.

말씀 보겠습니다. 로마서 8장 28절입니다.

우리가 알거니와 하나님을 사랑하는 자 곧 그의 뜻대로 부르심을 입은 자들에게는 모든 것이 합력하여 선을 이루느니라(롬 8:28).

현재 여러분의 상황이 인간적인 눈으로 볼 때 도저히 답이 없고, 끝이 없어 보이십니까?

회복 불가능할 것처럼 보이십니까?

하나님께서는 말씀을 통해 결과를 미리 우리에게 알려주셨습니다.

인생의 중간중간에 몇 골을 먹히더라도, 끝에서는 합력

하여 선으로 역전시키신다는 것을요. 인생의 후반전의 역전승을 성경을 통해 미리 본 우리들은 인생의 전반전에 지고 있다고 불안해하지 않을 수 있습니다.

하나님도 못하시는 것이 있습니다.
바로 '거짓말'입니다. 거짓말을 못하시는 하나님이 우리에게 성경을 주셨다면 이 성경의 말씀 또한 거짓일 수 없습니다.

이 말씀을 오늘 우리가 믿는다면, 거짓말을 못하시는 하나님께서는 반드시 그분의 말씀대로 역전시켜 주실 것입니다.

이상 하나님의 잔소리였습니다.

29. 작품

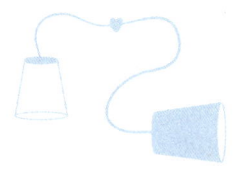

예전에 전시회를 한번 간 적이 있어요.

사실 저는 미술에 대해 정말로 잘 모르고, 사실 좋아하지 않아서 굳이 찾아가는 스타일은 아닌데, 우연찮은 기회로 전시회에 간 적이 있습니다.

입구부터 해서 쭈욱 한 바퀴를 둘러보았습니다. 수많은 작품들이 걸려 있더라구요. 그런데, 그 중에 한 작품은 진짜 저걸 왜 만들었지 모르겠다는 생각이 들 정도로 제 머리로는 도저히 이해가 안 되는, 이상한 작품이 있더라구요. 물론 제 개인적인 기준에서입니다.

'저걸 정말 작품이라고 만든건가? 진짜 이상하다'라고 생각했습니다. 다시 한 번 말씀드리지만 제 개인적인 기준입니다.

그 생각을 하고 전시회장을 나와서 집으로 가는 길에 문득 이런 생각이 드는 거에요.

'저 작품을 보고 욕을 했다면, 나는 작품을 욕한 건가, 아니면 저 작품을 만든 사람을 욕한 건가.'

작품은 죄가 없죠. 그냥 거기 있었을 뿐이고, 자기가 그렇게 만들어지고 싶어서 만들어진 것도 아니구요. 결국 내가 욕한 건 작품이 아니라, 그런 작품을 만든 사람에게, 작품을 왜 저렇게 만들었냐고 사람을 욕한 거죠.

그 작품을 '만든 사람'을 '욕한' 겁니다.

제 얘기 하나 할게요.

아파트에 살았을 때, 윗집에 아이가 2명 있는 가정이 있었습니다. 저녁 11시가 넘어도 쿵쿵대며 아이들이 뛰는 소리가 나는 거에요. 결국 못 참고 올라갔습니다.

"좀 조용히 해주세요!"

1달 뒤쯤에 저녁 12시가 넘어도 또 쿵쿵거리는 거에요.

경비실에 전화를 했죠. 윗집이 너무 쿵쿵거린다고.

다음날 윗집 아줌마가 저희 집으로 내려오더라구요. 그 시간에 애들도 다 자고 있었는데 왜 경비실에 전화하냐고 저한테 화를 내는 거에요.
그리고 그쪽은 아이가 없어서 모른다며 그정도 가지고 뭘 그리 유난떠냐고, 예전 집 사람들은 한 번도 이런 적 없는데 당신들만 예민하다는 식으로 또 말하는 거에요.

상대가 화를 내니 저도 엄청 화가 났는데 일단 참았습니다. 그리고 대충 마무리지었어요.
문을 닫고 생각해 보니까 열받는 거에요.

'나중에는 경비실에 연락하지 말고 쿵쿵 소리가 나면 조용히 윗층에 올라가서 다음에 애들 뛰는 장면을 몰래 영상촬영한 다음에 그걸 증거로 내밀어서 찍소리 못 하게 해야 하나.'

'쿵쿵 소리가 났으니까 연락한 거지. 지가 찔리니까 저러는 거지. 하여튼 못 배운 티를 내요. 쯧쯧.'
이러면서 윗집 아줌마를 속으로 엄청 욕했습니다.

자, 저는 그 아줌마를 욕한 걸까요?
아니면 그 아줌마를 만드신 하나님을 욕한 걸까요?

아담과 하와를 하나님이 만드셨으니 그 후손인 모든 인류 또한 하나님이 만드신 거죠. 저는 결국 하나님의 작품인 '이웃'을 욕했으니 그 작품을 만든 '하나님'을 욕한 겁니다.

엄청 회개했습니다.
'주님, 저는 멀었습니다. 하나님의 마음을 주세요.'

마태복음 22장을 잠깐 보겠습니다. 모든 성경의 내용이 이 2가지 계명 안에 들어간다고 예수님께서 직접 말씀하셨습니다.

> 첫째, 하나님을 사랑하라.
> 둘째, 이웃을 사랑하라.

지금부터 하는 말은 제가 제 스스로에게도 정신 차리라고 하는 말이니 좀 강한 어투로 말하더라도 이해하시고 들어주시면 감사하겠습니다.

우리는 혹시 착각하고 있지 않습니까?

이 정도면 신앙생활 제대로 하고 있다구요….

매주 일요일에 교회 다닌다구요?

찬양단, 성가대, 차량 봉사, 식당 봉사, 주일학교 교사 등등 열심히 하고 계신다구요?

매주 교회에 다니더라도 이웃을 사랑하지 않으면 예수님이 말씀하신 2가지 계명 중에 절반을 어긴 겁니다.

더 엄밀히 따지면 하나님이 만드신 작품을 사랑하지 않는 건 하나님을 사랑하지 않는 것과 같으니 첫 번째 계명, 즉 하나님을 사랑하라는 계명까지도 다 어긴 거죠. 성경의 모든 내용을 어긴 것과 같습니다.

정리합니다.

예수님께서 말씀하셨습니다.

> 새 계명을 너희에게 주노니 서로 사랑하라. 내가 너희를 사랑한 것 같이 너희도 서로 사랑하라. 너희가 서로 사랑하면 이로써 모든 사람이 너희가 내 제자인 줄 알리라(요 13:34~35).

> 나의 계명을 지키는 자라야 나를 사랑하는 자니 나를 사랑하는 자는 내 아버지께 사랑을 받을 것이요 나도 그를 사랑하여 그에게 나를 나타내리라(요 14:21).

예수님께서 주신 새 계명, 즉 이웃 사랑을 실천하는 것이 예수님을 사랑하는 것입니다.

하나님의 잔소리였습니다.

30. 목표 설정 방법

목표를 설정하는 기법 중의 하나를 소개하겠습니다.

SMART 기법

Specific	구체적으로
Measurable	측정 가능하도록
Action Oriented	행동 지향적으로
Realistic	현실성 있게
Time limited	시간적 제약이 있게

1. **구체적으로**: '나는 영어를 잘하고 싶어'보다 '토익 점수를 900점 넘길 거야'가 더 구체적이죠.

추상적인 개념에서 구체적인 개념으로 좁혀야 해야 할 일이 더 가까워지겠죠.

2. 측정 가능하도록: '나는 돈을 많이 벌겠어'보다 '한 달에 500만 원 이상 벌겠어'라고 목표를 설정해야 측정이 가능하죠. 측정이 되지 않는다면 목표에 가까워지고 있는지, 아닌지를 알 수가 없겠죠.

3. 행동 지향적으로: 즉각 실천이 가능한 목표로 좁혀놔야 한다는 것입니다. 예를 들어 '나는 항상 부모님을 생각하는 아들, 딸이 되어야지'보다 '매일 아침 부모님께 꼭 전화해야지'가 더 행동지향적이겠죠.

4. 현실성 있게: 너무 터무니없는 목표라면 실천 불가능하겠죠. '나는 하루만에 5개 국어를 마스터 해야지'라고 한다면 너무 비현실적이죠. '20년 안에 5개 국어를 회화 가능한 수준으로 끌어올려야지'가 더 현실성 있겠죠.

5. 시간적 제약이 있게: '나는 운전면허증을 딸 거야'보다 올해 12월 31일까지 운전면허증을 딸 거야'가 더 실천가능성

이 있겠죠. 시간적 제약이 없으면 축축 늘어져서 결국 실천을 못하는 것이 인간의 기본적 습성이니까요.

이 목표설정방법을 보고 영적인 것에도 적용하면 정말 좋겠다는 생각이 들었습니다.
하나하나 적용해 볼까요?

1. **구체적으로**: '신앙생활 제대로 해야지'보다 '기도와 말씀 생활을 열심히 해야지'가 더 구체적이겠죠. 기독교 신앙의 기본 중의 기본은 기도와 말씀 생활이라는 것은 누구도 부정하지 못하죠.

2. **측정 가능하도록**: '기도와 말씀 생활을 열심히 해야지'보다 '기도는 하루에 10분, 말씀은 하루에 5장 읽기' 이런 식으로 측정 가능하도록 목표를 설정하면 좋겠죠.

3. **행동 지향적으로**: 행동이 가능한 장소가 명시화되면 더 좋겠죠. 교회에서 또는 집의 내 방에서 같은 장소가 있으면 더 좋을 것 같습니다.
'밥상머리 교육'이라는 말이 있죠. 근본적인 교육은 부모를 통해 집안에서 정립이 되어야 학교 공부도 의미가 있다는 것이겠죠.

요즘 이 밥상머리 교육이 부모의 맞벌이 및 이혼 등으로 인해 무너지니, 학교의 공교육이 무너지고 있죠. 가정에서의 근본적인 교육이 무너지면, 2차, 3차 공교육도 사실상 무너지기 마련입니다.

마찬가지로 저는 1차 교회는 가정이라고 생각합니다. 가정 내에서의 근본적인 영적 분위기가 먼저 자리잡아야, 출석하는 교회에서의 영적 교육도 의미가 있겠죠.

기도도 꼭 교회에서 해야 한다고 생각하기보다, 자신의 방에서 하는 습관을 먼저 들이는 게 중요하다고 생각합니다. 교회에서만 기도해야 한다는 고정관념이 오히려 교회까지 가기 귀찮아서 기도 자체를 안 해버리는 결과를 초래할 수 있기 때문이죠(제가 그랬습니다 ㅎㅎ).

정리하면, 집안에서의 기도가 자리잡은 상태 위에, 교회에서의 기도까지 얹어지면 최고가 아닐까 생각합니다.

4. 현실성 있게: 기도를 5분도 안 했던 사람이 갑자기 목표를 하루 1시간으로 설정하면 너무 비현실적이겠죠. 현실적으로 실천 가능한 정도로 기도하고 말씀 보는 양을 정하면

좋을 것 같습니다.

5. 시간적 제약이 있게: 예전에 한 TV 프로그램에서 부부에게 실험을 하나 했던 것으로 기억합니다. 첫 번째 아내가 남편에게 "설거지 좀 해놔요"라고 말하고, 두 번째 아내가 남편에게 "오후 3시까지 설거지 좀 해놔요"라고 했을 때 어느 쪽이 진짜로 설거지를 해놨을 것인가에 대한 실험이었죠.

결과는 오후 3시라는 시간적 제약을 준 쪽이 설거지를 했습니다. 이처럼 시간의 마지노선을 정해놔야 실천까지 이루어진다는 겁니다.

기도를 그냥 하루에 10분 하기보다는, 출근 전 새벽 6시에 10분, 또는 퇴근 이후 오후 9시부터 10분. 말씀 읽기는 퇴근 이후 오후 9시부터 5장. 이런 식으로 구체적으로 시간까지 나와야 실천할 확률이 높아지겠죠.

앞에서 말한 내용을 종합해서 목표수립을 한번 해보겠습니다. 기도는 출근 전 집에서 새벽 6시에 10분간. 말씀 읽기는 퇴근 이후 집에서 오후 9시부터 5장.

이렇게 목표가 나오면 더욱더 실천 확률이 높아지겠죠?

각자의 상황에 맞게 목표를 세우면 좋을 것 같습니다. 목표대로 잘 실천이 되고, 어느 정도 습관으로 자리잡을 때 기도 시간과 말씀 시간을 조금씩 더 늘리면 되겠죠. 기도는 10분에서 30분, 1시간 이런 식으로요. 말씀도 5장에서 10장 이런 식으로요.

기도를 얼마나 해야 하는지, 말씀을 얼마나 봐야 하는지는 개인의 결정이겠지만 『왕의 음성』 책의 저자 분께서는 하루에 기도는 오전 1시간, 오후 1시간씩 총 2시간, 말씀은 10장, 이 목표를 세우고 무슨 일이 있어도 지키신다고 하네요. 참고하시길 바랍니다.

정리하겠습니다.

Specific	구체적으로
Measurable	측정 가능하도록
Action Oriented	행동 지향적으로
Realistic	현실성 있게
Time limited	시간적 제약이 있게

영적인 목표도 이렇게 세워서 하나님께 더 가까이 다가가는 우리가 되었으면 좋겠습니다.

하나님의 잔소리였습니다.

31. 방탄소년단

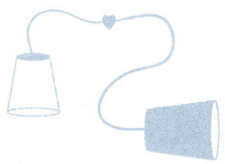

요즘 한국의 남자 아이돌그룹 '방탄소년단'이 해외에서 선풍적인 인기를 끌고 있다고 하네요.

한국보다 오히려 해외에서 인기가 많다고 하니까 별로 체감이 안 돼서 유튜브로 방탄소년단을 검색해보니, 유럽과 미국쪽 문화권에서 정말 엄청난 인기를 누리고 있더라구요.

부모들이 방탄소년단의 콘서트 티켓을 자녀에게 깜짝 선물하자 자녀가 오열하며 기뻐하는 해외 영상들도 수두룩합니다.

최근에는 전세계의 톱스타들만 초대한다는 미국의 한 TV 프로그램에 방탄소년단이 출연한 영상이 화제가 되었는데, 저는 당연히 방탄소년단이 자신들의 노래를 영어로 번역해서 공연을 했을 거라고 생각을 했습니다. 미국 방송에 나가는 거니까요.

그런데, 놀랍게도 방탄소년단은 그냥 한국어로 노래를 부르더라구요. 미국에서요!
그 와중에 더 놀라운 것은, 한국어로 된 방탄소년단의 노래를 미국의 여성 팬들이 한국어로 따라부르더라는 겁니다!

이상하지 않나요?
미국에 와서 영어로 번역된 노래가 아닌, 한국어로 그냥 노래를 부르는데, 어떻게 미국의 팬들이 한국어로 노래를 따라하는 걸까요?

이유는 하나일 겁니다.
방탄소년단을 너무 좋아하니까 한국어를 공부한 거죠.
너무 좋아하니까 한국어로 된 가사를 이해하기 위해 한국어 공부를 한 거죠.

왜 방탄소년단은 자기들에게 이해가 안 되는 한국말로 노래하냐고 투덜거린 것이 아니라, 자기들이 방탄소년단을 너무 좋아하다 보니까 한국어를 공부해버린 겁니다.
좋아하니까!
좋아하면 더 알고 싶으니까요.
반대로 말하면,
좋아하지 않으면 알고 싶지도 않은 겁니다.

영적인 면에 적용시켜 봅시다.

성경이 너무 어렵다구요?
성경을 보면 무슨 말인지 몰라 그냥 덮어버린다구요?
성경을 아무리 봐도 이해 안 된다구요?

냉정하지만 우리는 아직 하나님을 별로 좋아하지 않는 것일 수 있습니다. 방탄소년단이 너무 좋으면, 그들이 부르는 한국어로 된 가사를 이해하기 위해 한국어를 공부하는 것처럼 '내가 정말 하나님을 좋아한다면' 성경공부 할 겁니다.

지금 보는 성경이 어렵다면, 현대인의 성경이나 쉬운성경을 사서라도 공부할 겁니다.

왜요?

좋아하니까요!

좋아하는 건 더 알고 싶으니까요.

"왜 미국에 와서 영어로 노래를 안 하고 이해도 안 되는 한국어로 노래하지?"라고 말하는 미국 팬은 방탄소년단을 별로 안 좋아하는 거죠.

진짜 좋아하면 본인들이 한국어 공부해버리죠.

불평할 시간이 어디 있습니까?

그 시간에 얼른 한국어를 배워서 하루라도 빨리 방탄소년단의 한국어 가사를 이해하고, 또 따라부르고 싶은 마음이 굴뚝같죠.

마찬가지로, '왜 성경은 이렇게 무슨 말인지 이해가 안 되지?'라고 생각하며 성경을 덮어버리는 기독교인은 하나님을 사실 별로 안 좋아하는 것일 수 있습니다.

진짜 하나님을 좋아한다면 아무리 성경이 어려워도 어떠한 수단과 방법을 동원해서 성경공부를 할 겁니다.

정리합니다.

방탄소년단이 너무 좋으면, 그들이 부르는 한국어로 된 가사를 이해하기 위해 한국어를 공부하는 것처럼 내가 정말 하나님을 좋아한다면 어려워도 성경공부 할 겁니다.

좋아한다면 더 알고 싶으니까요.

"어렵다," "이해 안 된다," "시간 없다" 등등은 다 핑계죠. 핑계입니다.

나는 지금 하나님을 좋아하고 있습니까?

이 질문에 대한 대답은 우리의 입이 아닌 우리의 행동이 말하고 있습니다. 오늘 무얼 하며 살았는지가 내가 무얼 좋아하는지를 내 입 대신 말해줄 겁니다.

하나님의 잔소리였습니다.

32. 알람

저는 직업상 여러 사람들을 만나다 보니 핸드폰으로 알람을 많이 설정합니다. 사람들마다 만나는 시간이 다르니까요.

오늘도 어김없이 만나야 하는 사람과 몇 시에 만나야 할지 확인하고 몇 시에 집을 나서야 할지 알람을 설정했습니다.

그런데 그 때 하나님께서 이런 마음을 주셨습니다.

'사람들과 만나는 시간은 알람까지 맞추는데,
기도하고 말씀 보는 시간은 왜 알람을 맞추지 않니?'
이런 마음이요.

정말로 뜨끔했습니다.

하나님을 일보다 못한 존재로 제가 여기고 있다는 증거죠. 제게 믿음이 없다는 증거입니다.

우리나라 대통령님이 저에게,
"매일밤 자기 전에 꼭 한 번은 전화 통화하고 자자."
라고 말하셨다면 깜박 잊고 그냥 자버리는 일이 없도록 저녁 10시쯤에 알람을 맞춰두지 않겠습니까?
혹시나 못 들을 수도 있으니까 5분 간격으로 3번은 맞추지 않을까요?

그런데 하나님과 매일 만나는 개인적인 시간을 알람을 맞추지 않고 그냥 생각나는 날에 기도하고 말씀 보고, 생각 안 나거나 바쁜 날은 그냥 자버린다면?

결론은 나왔습니다. 하나님을 제대로 믿지 않는다는 증거입니다. 내 마음 상태를 돌아봐야 합니다. 내 믿음을 돌아봐야 합니다.
회사에 출근하기 위해 우리는 모두 기상 시간에 알람을

맞추죠. 혹시나 못 들을 수도 있으니까 5분 간격으로 2개 3개 더 맞춰놓지 않습니까?

그리고 간혹 회사에 5분이라도 지각하면 우리는 어떻게 행동하나요?
상사에게 정말로 죄송하다고 말씀드리고 눈치를 보죠.

직장에 무단결근?
말도 안 되는 소리죠. 짤립니다. 무단결근은요.

그런데 우리는 교회에 지각하지 않기 위해서 알람을 2개 3개 맞추지는 않습니다. 간혹 알람 1개 딱 맞춰둔 것을 못 들거나 하면, 그냥 지각해버리죠.

간혹 교회에 지각했다 하더라도 우리는 어떻게 행동하나요?
하나님께 지각해서 죄송하다고 기도하지 않습니다. 죄책감도 없죠.

교회에 무단결석?
뭐 아무렇지도 않습니다. 무단결석한다고 목사님이 내쫓

지 않으니까요.

왜 이런 일들이 발생할까요?

직장은 먹고사는 문제, 즉 돈이 걸려있지만 교회는 먹고사는 문제, 즉 돈이 걸려있지 않거든요. 하나님보다 돈을 더 사랑한다는 것입니다.

결국 믿음이 없는 겁니다. 우리는요.

회사에는 지각 5분도 안 하는데 교회에는 지각한다구요?

회사 출퇴근길이 1시간 걸려도 군말없이 다니는데 교회 가는 시간이 1시간 걸리면 말도 안 된다구요?

혹시라도 회사에 5분 지각하면 상사에게 정말 죄송하다 하는데, 교회에 5분 지각해도 아무 죄책감 없이 예배 드린다구요?

직장에서 무단결근은 말도 안되는 소리지만 교회는 가끔 무단결석 한다구요?

그렇다면 우리는 교회보다 직장을 더 믿고 있는 겁니다. 하나님보다 돈을 더 믿고 있다는 뜻과 같습니다. 우상숭배죠.

정리합니다.

잎을 보면 뿌리를 보지 않아도 알 수 있습니다.
잎이 말랐다면 뿌리에 문제가 생긴 것입니다.

마찬가지로 우리의 행동을 보면 믿음을 보지 않아도 알 수 있습니다. 행동이 틀어져 있다면 믿음에 문제가 생긴 것입니다.

잎이 말랐을 때, 잎에 물을 뿌려도 소용없습니다. 뿌리가 물을 흡수하게 해야 합니다. 마찬가지로 행동이 틀어져 있을 때, 행동을 고치려 해도 소용없습니다.

믿음, 즉 마음 상태를 먼저 바꿔야 합니다. 마음을 바꾸면 행동은 자연스레 변하게 되겠죠. 뿌리가 물을 흡수하면 자연스레 잎이 살아나듯이요.

우리의 영적 상태를 검증할 수 있는 가장 쉬운 방법은 사실 우리의 행동입니다. 날마다 큐티 한다고 믿음이 좋은 것이 아닙니다.
큐티 한 말씀대로 삶에 적용이 되어 살아내야 합니다.

'나는 잘 믿고 있어'라고 착각하지 말고 수시로 나의 행동을 돌아보고 영적 상태를 점검하는 우리가 되었으면 합니다.

하나님의 잔소리였습니다.

33. 편함

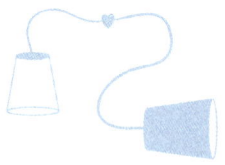

주말이라 아내와 함께 마트에 장을 보러 갔습니다. 교통사고 때문에 기존 차를 폐차해서 장바구니를 들쳐 매고 길을 나섰죠.

20분 정도 열심히 걸어서 마트에 도착했습니다. 이것저것 먹을 것들과 생필품 등을 잔뜩 사서 마트 계산대 앞에 섰습니다.

구입한 물건들을 하나하나 계산대 위에 꺼내놓는데,
'왜 이걸 굳이 일일이 번거롭게 상품들을 다 꺼내야 하지?'라는 생각이 들었습니다.

예전에 뉴스를 보다가 마트에서 산 상품들을 일일이 다

계산대 위에 꺼내지 않아도 장바구니를 한 번에 스캔해서 계산하는 기술이 개발 중에 있고 들었던 기억이 났거든요.

그런데 진짜로 한 번에 상품들을 스캔하는 기술이 시중에 상용화된다면 어떤 일이 가장 먼저 일어날까요?

아마도 계산원의 일자리가 사라질 겁니다.
상품을 계산대 위에 일일이 꺼내놓는 '불편함'이 사라지면 소비자는 '편함'을 얻겠지만, 또한 계산원의 일자리가 사라지는 '재앙'이 일어나겠죠.
누군가에게 있어서 일자리가 사라진다는 건 그 사람에겐 단순히 '불편함'이 아니라 '재앙'이니까요….

또한 다른 예들을 생각해 봤습니다.
고속도로의 하이패스가 늘어나면 늘어날수록 운전자는 조금이라도 더 빨리 갈 수 있는 '편함'을 얻겠지만 고속도로 요금 징수원의 일자리가 사라지는 '재앙'도 따라옵니다.

스마트폰이 보급될수록 언제 어디서나 정보를 얻을 수 있다는 '편함'이 생기지만 온라인 도박, 음란물 시청 등 한 개인과 한 가정을 파괴시킬 수 있는 '재앙'도 따라옵니다.

자동차를 구입하면 어디든 편하게 빨리 갈 수 있는 '편함'이 생기지만 환경오염이라는 '재앙'이 따라옵니다.

이처럼 '편함'의 반대편에는 단순히 '불편함'이 있는 것이 아니라 '편함'의 반대편에는 '재앙'이 있는 경우가 많은 것 같습니다.

영적인 관점으로 대입해 볼까요?

최첨단 방송시스템, 음향시스템 등등이 교회 예배에 쓰임으로써 가만히 자리에 앉아서도 입체적으로 예배를 드릴 수 있는 '편함'을 얻은 대신, 그런 시스템을 갖추고 있는 교회들만 계속해서 커지는 '재앙'이 따라왔죠.

그래서 대형교회에 몇만 명이 몰려 최첨단 시설로 예배드리고, 예배 후에 주차한 차량이 출구에 몰려 빠져나가는 시간이 지연되는 것이 싫어서 말씀이 끝나기도 전에 교회를 빠져나가는 '재앙'이 생겼습니다.

예배를 '드리는 자'가 아닌 예배를 '보고 오는' 자로 전락해 버립니다. '예배자'가 아닌 '시청자'가 되어버리는 '재앙'이 생겼습니다.

컴퓨터와 스마트폰으로 원하는 설교를 언제 어디서든 찾아 볼 수 있는 '편함'을 얻는 대신, 듣기 좋은 설교만 골라 듣고 듣기 좋은 설교만 하는 교회를 찾아 나서는 '재앙'이 따라왔죠.

내게 더 '편한' 하나님만 찾다 보니 영적인 면에서도 '재앙'이 따라옵니다.
사랑의 하나님, 위로의 하나님, 긍휼과 자비의 하나님만 하나님이고 공의의 하나님, 징계의 하나님, 질투하시는 하나님은 온데간데없습니다.

'그냥 대충대충 어떻게 어떻게 매주 일요일에 교회만 나가면 대충대충 어느 정도 죄짓고 살아도, 대충대충 하루를 살아도 하나님은 '사랑의 하나님'이시니 회개만 하면 다 용서해주시고, 다 감싸주시고, 좋은 대학에, 좋은 회사에, 좋은 배우자 만나게 해 주시겠지'라고 기대하죠.
그러나 하나님은 '죄'라는 문제를 대충 넘어갈 수가 없어서 자신의 아들까지 십자가에 못 박으신 냉정한 하나님입니다. 하나님의 사전에 '대충'은 없습니다. '죄'를 용서해 주시겠지만 '결과'는 반드시 남습니다.

 예를 들어보겠습니다.
 다윗이 자신의 수하에 있던 장군의 아내 밧세바를 보고 간통죄를 저지릅니다. 그리고 그 여자는 임신을 하게 됩니다. 이 일을 숨기기 위해 그 장군을 전쟁터의 제일 앞에 보내 죽게 만들죠. 그리고 그 여자를 아내로 들입니다.
 과부가 된 여자를 아내로 받아들이는 '착한 왕 코스프레'를 완벽히 해냈습니다. 완전범죄죠.

 하지만 사람의 눈은 다 속일 수 있어도, 하나님은 못 속였습니다. 하나님께서는 '대충'이 없으시죠. 그때 임신한 아이를 하나님께서 죽이십니다.
 하나님은 다윗을 향해 "내 마음에 합한 자"라고 하셨지만 죄는 그냥 넘어가실 수가 없으셨습니다.

 '죄'는 회개하면 용서해 주시지만 '결과'는 반드시 남습니다. 냉정한 하나님이십니다. '칼같이' 분명한 하나님이십니다.

정리합니다.

신앙생활에서 몸이 '편하다면' 영적으로는 죽어 있다는 '재앙'일 수 있습니다.

대가를 지불해야 합니다. 구약시대에 하나님을 만나기 위해 번제물을 드렸듯이 오늘날에는 우리의 '목숨' 즉 '시간'을 번제물로 드려야 합니다.

공의의 하나님을 기억해야 합니다. 선한 일에는 상을, 죄에 대해서는 철저히 징벌하시는 하나님이십니다. 당장의 '편함' 대신 '불편함'을 선택한다면 '재앙' 대신 '축복'이 따라오는 경우가 분명 있으리라 생각합니다.

오늘 이 시간 기도의 자리에서의 무릎 꿇는 '불편함'이 영적인 '축복'으로 채워지길 진심으로 기원합니다.

하나님의 잔소리였습니다.

34. 프로와 아마추어

저는 개인적으로 낚시를 좋아합니다. 정말 신기한 것은 낚시할 때 물고기를 거의 못 잡아요. 그런데 낚시가 재미있어요.

참 놀랍죠?

이러기도 쉽지 않은데요. ㅎㅎ

그런데 이 낚시를 취미로 하니까 생각보다 시간을 굉장히 많이 소모하더라구요. 낚시를 하려면 물고기들이 있는 물가로 가야 되는데 갔다 오는 시간만 1시간에서 2시간은 그냥 소모가 되고, 시작하면 보통 2시간 이상 하니까 자칫하다 취미생활이 우상이 될 것 같아서 낚시를 과감히 정리했습니다.

그래서 대리만족으로 제가 선택한 방법이 바로 낚시를 소재로 하는 방송을 보는 겁니다. 1주일에 한번 방송하는 낚시 예능프로그램이 하나 있는데 방송에서 다른 사람이 물고기를 잡는 것만 봐도 기분이 좋아지니 참 신기하죠?

저번 주에는 그 방송에서 낚시 프로 선수를 한 분 초빙해서 바다로 낚시를 가더라구요. 고정 출연자가 3명이 있는데, 계속 물고기를 많이 못 잡고 불평하니까 제작진이 낚시 프로 선수를 초빙한 것 같아요.

물고기가 없어서 못 잡는 게 아니라 너희들의 실력이 없어서 못 잡는 것이라는 사실을 보여주려고 한 거겠죠.

낚싯배가 물고기들이 있는 지점에 도착해서 그 낚시 프로 선수가 이러더라구요.

"딱 3번 던져서 한 마리 반드시 잡겠습니다. 그리고 낚싯대를 접겠습니다."

다들 매우 비웃기 시작했습니다. 다른 사람들은 1시간 넘는 시간 동안 10번 넘게 던져도 물고기를 한 마리도 못 잡는 때가 부지기수인데, 3번만에 잡겠다는 건 사실 말도 안 되거든요.

그런데 그 프로 선수는 정확히 3번째만에 한 마리를 결국 낚아올렸습니다. 주변 사람들은 다 놀라 자빠졌죠.

'저게 프로구나. 아마추어와 프로는 이렇게 다르구나'라는 것을 백 마디 말보다 한 번의 행동으로 보여줬습니다.

그런데 저는 '그 사람이 진짜 프로 중의 프로구나'라고 느낀 것은 그가 물고기를 잘 잡는 실력이 아니었습니다.

제가 진짜 프로의 향기를 느낀 것은 그가 물고기를 한 마리 잡고서 자신의 낚싯대를 접고 아직 물고기를 잡지 못한 다른 고정 출연자들에게 다가가 물고기를 잡는 노하우들을 설명하면서 기어코 잡게 해주는 그의 모습에서였습니다.

만약 내가 저 프로라면 과연 낚싯대를 접었을까?
아니면 계속 물고기를 낚으면서 희열을 느꼈을까?
여러분들이라면 어떤 선택을 하셨겠습니까?

만약 저라면 다른 사람들보다 물고기를 잘 잡는 제 모습에 계속 기분 좋아하며 남들이 잡든 못 잡든 저만 계속 신나면서 잡았을 것 같습니다.

하지만 그 프로 선수는 자신의 낚싯대를 접었습니다. 그리고 다른 사람이 잡게끔, 이후 자기의 모든 시간을 할애했습니다.

영적인 관점으로 적용해 볼까요?

우리는 기도해야 합니다. 열심히 기도해야 합니다. 기도하지 않음으로 놓쳐버리는 하나님의 선물이 너무나 많습니다. 기도도 아마추어 선수같이 말고 프로 선수같이 해야 합니다.

"의인의 간구는 역사함이 크다"(약 5:16)고 했습니다. 의인의 기도는 응답도 잘 이루어진다는 뜻이죠. 하나님의 마음에 합한 자가 되어서 우리가 드리는 기도가 프로답게 팍팍 응답이 되어야 합니다.

그런데 자신의 기도응답이 팍팍 되는 기도의 프로 선수보다도 더 프로 선수가 있습니다. 진정한 기도의 프로 선수는 바로 자신의 기도보다 남을 위한 기도 즉, 중보기도를 더 많이 하는 자입니다.

자신의 낚싯대를 내려놓듯이 자신의 기도제목들을 내려놓고 다른 사람이 물고기를 잡게끔 도와주듯이 다른 사람의 영혼을 위해 돕는 자, 바로 중보기도 하는 사람이 진정한 프로 중의 프로라고 생각합니다.

다른 사람 기도하느라 내 기도를 안 하다가 내 기도응답 안 되면 어떻하냐구요?
"네 이웃을 네 몸같이 사랑하라"고 하신 예수님께서 이웃을 위한 기도만 한 사람을 과연 내버려 두실까요?

학교에서 연필이 없어서 공부를 못하는 옆 친구에게 딱 하나 남은 자신의 연필 한 자루를 건네는 걸 본 부모는 그 자녀를 그냥 내버려둘까요?
아니면 그 마음이 너무 예뻐서 훨씬 더 좋은 학용품을 사 줄까요?

연필이 필요하다고 부모에게 말 안 해도 부모는 알아서 학용품 사서 오십니다.
마찬가지로, 은밀한 가운데 우리의 모든 것을 눈동자처럼 살피시는 하나님께서 본인의 기도보다 이웃의 기도를 우선순위로 두는 사람을 그냥 내버려두실 리가 없습니다.

정리합니다.

진정한 프로는 물고기를 잘 잡을 수 있음에도 불구하고 자신의 낚싯대를 접을 줄 아는 사람입니다.
진정한 기도의 프로는 내 기도를 해야 함에도 불구하고 자신의 기도제목을 접을 줄 아는 사람입니다.

"네 이웃을 네 몸과 같이 사랑하라"는 예수님의 새계명을 이웃을 향한 중보기도로써 실천한 자를 예수님께서 내버려 두실 리가 없습니다.

우리 모두 진정한 기도의 프로가 되어 하나님의 마음에 합한 자가 되어서 기도하지 않은 나의 필요까지도 차고 넘치게 부어주시는 하나님의 진정한 공급을, 중보기도로써 맛보아 누리는 자가 되길 진심으로 기원합니다.

하나님의 잔소리였습니다.

35. 학생

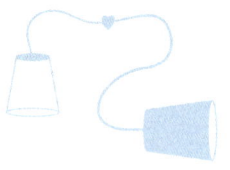

학창시절 때 시험을 보고 난 뒤에 성적표를 받아서 부모님께 드릴 때마다 매번 혼났던 것 같아요. 저의 어머님께서는 저의 성적에 굉장히 민감하셔서 90점을 받아도 저는 매를 맞았습니다. 한 과목당이요.

90점 받으면 한 대, 80점 받으면 두 대, 이런 식으로요.

심지어 초등학교 때도 받아쓰기에서 한 문제 틀릴 때마다 한 대씩 맞았습니다. 그 때는 정말 죽고 싶었는데 지금 와서 생각해 보니 저의 성격상 저는 매를 들어야 공부를 하는 스타일이라는 걸 어머니께서 간파하셨던 것 같아요.

저는 알아서 잘하는 스타일이 아닙니다. 제가 이렇게 모자란 영혼입니다. 기도 많이 부탁드립니다.

여하튼!
학창시절 때 꼭 같은 반에서도 공부를 잘하는 친구가 있죠. 전교 1등이 나와 같은 반에서 나오기도 합니다. 물론 전교 꼴찌도 나오기도 하지만요.
그런데 신기하지 않습니까?

가르치는 선생님은 똑같죠, 같은 반 학생 모두 같은 선생님에게 수업을 듣습니다. 모든 게 동일한 환경입니다.
그런데 왜 같은 반에서 공부를 잘하는 친구가 있고 공부를 못하는 친구가 있을까요?
같은 선생에게 같은 수업을 듣는 같은 반이라면 성적이 다들 비슷해야 하지 않을까요?

그런데 그렇지 않다면, 결론은 하나입니다.
성적은 선생의 문제가 아니라, 학생의 문제라는 것이죠. 같은 선생님의 수업 내용이 교실에 울려퍼져도 어떤 학생은 잘 필기해서 암기하고 어떤 학생은 딴짓하며 잠만 잡니다. 성적은 선생이 아니라, 학생의 문제입니다.

영적인 면으로 적용해 보죠.

교회에서 말씀을 선포하는 목사님은 똑같습니다. 같은 교회 성도들 모두 같은 목사님께 설교를 듣습니다. 모든 게 동일한 환경이죠.

그런데 왜 같은 교회에서 은혜 받는 성도가 있고 시험이 드는 성도가 있을까요?

같은 교회에서 같은 목사님께 같은 설교를 듣는다면 모든 성도들의 영성이 비슷해야 하지 않을까요?

그런데 그렇지 않다면 결론은 하나입니다. 영성은 목사의 문제가 아니라, 성도의 문제라는 겁니다. 같은 목사님의 설교가 교회에 울려퍼져도 어떤 성도는 마음에 새겨서 삶에 적용시키고 어떤 성도는 딴짓하면서 그 와중에 졸다가 갑니다.

영성은 목사가 아니라, 성도의 문제입니다.

시험 문제에 나오는 내용을 선생님이 수업 시간에 10번 이상 강조하나요?

그렇지 않습니다. 시험 문제에 나오는 내용도 보통 한두 번 말하고 넘어갑니다. 진도 나가기도 바쁘니까요.

공부 잘하는 학생은 한두 번 말하고 넘어가는 선생님의 수업 내용도 안 놓치고 적어놓고 외웁니다. 언제 어떤 부분에서 시험 문제에 대한 정답이 있을지 모르니까요.

마찬가지로, 우리의 삶에서 만날 수 있는 영적인 문제에 대한 내용을 목사님께서 설교 시간에 10번 이상 강조하시지 않습니다. 다른 성경 내용 진도 나가기도 바쁩니다.

은혜 받는 성도는 한두 번 말하고 넘어가는 목사님의 설교 내용도 안 놓치고 적어놓고 삶에 적용시킵니다.

이번 주 설교가 삶의 언제, 어떤 부분에서 영적인 문제에 대한 정답일지 모르니까요.

전교 1등이라고 해서 공부가 쉬울까요?

나름, '죽어라' 공부해야 할 겁니다. 하지만 시험 문제 앞에서 두렵지 않은 이유는 죽어라 한 공부 속에서 이미 정답을 머릿속에 넣어두었기 때문일 겁니다.

우리도 삶의 문제 앞에서 두렵지 않으려면 목사님의 설교 말씀들을 미리미리 마음에 새겨두어야 하지 않을까요?

오늘 우리가 마주한 삶의 문제에 대한 하나님의 정답이 1년 전 목사님의 설교 속에 있었을지도 모르죠.

분명히 수업 시간에 정답을 알려줬는데, 자기가 적어두지도 않고 까먹고서는 "왜 시험 시간에 정답을 알려주시지 않는 겁니까?"라고 학생이 말한다면 선생은 그 학생에게 뭐라고 해야 할까요?

분명히 평소에 영적인 문제에 대한 정답을 성경을 통해서 또는 목사님의 말씀을 통해서 또는 여러 가지 환경을 통해서 알려줬는데, 적어두지도 않고 까먹고서는 "왜 삶의 문제가 터졌을 때 정답을 알려주시지 않는 겁니까?"라고 하나님께 따진다면 하나님은 우리에게 뭐라고 말하셔야 할까요?

정리합니다.

선생은 같지만, 어떤 학생은 공부 잘하고 어떤 학생은 공부 못합니다. 마찬가지로, 목사님은 같지만 어떤 성도는 영성이 자라고 어떤 성도는 영성이 후퇴합니다.

문제는 주변환경이 아니라, 바로 '나'입니다. 바로 내가 문제입니다. 내가 바뀌어야 합니다.

학교 수업 시간에 어떤 부분에서 시험 문제에 대한 정답이 있을지 모릅니다. 마찬가지로, 목사님의 설교 중에 어떤 부분에서 삶의 문제에 대한 정답이 있을지 모릅니다.

학생에게 이번 시험 문제에 대한 정답이 교과서 1페이지에 있을 수도 있습니다. 우리의 삶의 문제에 대한 정답이 1년 전 목사님 설교에 있을 수도 있습니다.

학생은 평소에 공부해놔야 합니다. 시험 기간 때 '벼락치기 공부'는 한계가 있습니다. 마찬가지로 평소에 영성을 쌓아야 합니다. 삶의 문제가 닥쳤을 때 '벼락치기 신앙'은 한계가 있습니다.

우리 모두 영적인 전교 1등 한번 해 봅시다. 영적인 전교 1등에 대한 상장은 예수님께서 친히 전해주실 것입니다.

하나님의 잔소리였습니다.

36. 결단

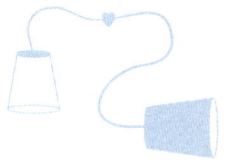

제가 아는 분 중에서 무당이 한 분 계십니다. 제 직업의 특성상 꽤나 많은 분들을 만날 기회가 있는데 우연찮은 기회로 만나게 되었습니다.

사실 기독교인이 무당을 만난다는 건 영적으로 그렇게 좋은 것은 아닙니다. 왜냐하면 점을 보는 것 자체가 귀신을 우리 영혼과 육체에 초청하는 것이니까요(그렇다고 제가 점을 보진 않았습니다).

여튼!
그분과 이런저런 얘기를 나누게 되었습니다. 제가 오히려 궁금한 게 많아서 질문을 많이 했어요.

그분께 가장 먼저 한 질문은,
"하루에 기도를 몇 시간 정도 하세요?"였습니다.
그러자 그분께서는,
"저는 매일 진시 동안 기도해요."
이러시더라구요.

진시란 오전 7시부터 오전 9시까지의 시간을 이르는 말입니다. 최소 2시간을 아침시간에 기도한다는 것이죠.

"혹시 기도를 잘 안 하면 어떻게 되요?"
라고 제가 또 질문을 하니까,
"그러면 점괘가 잘 안 보입니다."
이러시더라구요.

또한,
"무당에도 레벨이 있는데, 기도 제대로 안 하는 무당들은 점괘를 제대로 못 보기 때문에 당연히 손님들이 많이 안 갑니다. 점괘를 잘 본다는 속칭 '용한 무당'들은 하루에 5시간씩 기도하기도 합니다."
라고도 하셨구요.

집으로 돌아가는 길에 제가 어떤 생각을 했을까요?

하나님께 아주 제가 질려버렸습니다. 두 손 두 발 다 들었습니다. 물론 긍정적인 의미로서 말입니다.

어떻게 무당까지 하나님의 도구로 사용하실까?
귀신을 섬긴다는 무당까지 도구로 쓰셔서 나에게 말씀하실까?

정말 긍정적인 의미로 하나님께 질려버렸습니다.
또 '나를 도대체 얼마나 사랑하시기에 이렇게까지 말씀하고 싶으셨을까?'라는 생각도 들었구요.

여러분들도 저와 같은 생각이 드셨을 겁니다.
'무당도 저렇게 기도하는데, 나는 뭐하고 있지….'

귀신을 섬기는 자들도 귀신이 충만해지려고 저렇게 기도하고 있습니다.
지금 우리들의 영적 상태로 성경에 나오는 예수님의 제자들처럼 우리도 귀신을 내어 쫓을 수 있을까요?

아니면 우리가 쫓김을 당할까요?

고 3 학생들 중에 좋은 대학에 갈 수 있는 방법을 모르는 학생이 있을까요?(참고로 이해를 돕기 위해 좋은 대학이라고 표현한 것이지, 다른 의도는 없음을 밝힙니다.)

99% 이상은 좋은 대학 갈 수 있는 방법 다 알 겁니다. 부모님이 귀에 못이 박히도록 말하지 않아도 다 압니다. 과목별로 어떻게 열심히 공부해야 하는지 다 압니다.

그런데 왜 전부 좋은 대학을 가지 못할까요?

방법은 다 아는데, 아는 대로 실천이 안 돼서입니다. 수업 시간에 졸려도 최대한 졸음을 쫓고 선생님 말씀에 귀 기울여야 하는 거 아는데, 졸리면 그냥 잡니다. 복습을 해야 오래 기억이 남는다는 거 다 아는데, 귀찮아서 안 합니다.

틀린 문제들을 따로 정리해서 오답노트를 만들고, 틀리지 않을 때까지 또 봐야 다시 틀리지 않는다는 거 다 아는데, 귀찮아서 안 만듭니다. PC방에 가서 게임할 시간에 공부해야 하는 거 다 아는데, 그 유혹을 못 이겨 게임을 합니다.

다 아는데, 안 합니다.

기독교인들도 마찬가지인 것 같습니다.

다 압니다.

말씀을 많이 봐야 한다는 거 다 압니다. 기도도 열심히 많이 해야 한다는 거 다 압니다. 말씀과 기도한 내용대로 실천까지 해야 한다는 거 다 압니다. 예배시간 때 핸드폰 하지 말고, 목사님 말씀에 집중해야 한다는 거 다 압니다.

예배 때뿐만이 아니라, 집에서도 매일 말씀 보고 기도해야 한다는 거 다 압니다. 다른 곳에 시간낭비 하지 말고, 정신 차려야 된다는 거 다 압니다.

다 아는데, 안 합니다.

정리합니다.

수많은 고등학생들 중에서도 제대로 공부하기로 지금 '결단'한 학생만 좋은 대학 갈 겁니다. 마찬가지로 기독교인들 중에서도 제대로 신앙생활 하기로 지금 '결단'한 기독교인들만 쓰임받을 겁니다.

모든 실천은 '오늘'도 아닌 '지금'부터 '결단'해야 가능합니다. 기독교인으로서 무엇을 해야 할지 우린 이미 다 알고 있습니다.

다만, 안 했을 뿐입니다.

이젠 실천을 '결단'할 때입니다.

하나님의 잔소리였습니다.

하나님의 잔소리 1

Nags of God 1

2018년 4월 20일 초판 발행

지 은 이 | 조민형

편　　집 | 정재원
디 자 인 | 노수경, 전지혜
펴 낸 곳 | 밀알서원
등　　록 | 제21-44호(1988. 8. 12)
주　　소 | 서울시 서초구 방배로 68
전　　화 | 02) 586-8761~3(본사) 031) 942-8761(영업부)
팩　　스 | 02) 523-0131(본사) 031) 942-8763(영업부)
홈페이지 | www.clcbook.com
이 메 일 | wbbkor@gmail.com
온 라 인 | 기업은행 073-003562-02-046, 예금주 : 박영호(밀알서원)

총　　판 | 사)기독교문서선교회

ISBN 978-89-7135-085-0 (04230)
ISBN 978-89-7135-084-3 (세트)

* 낙장·파본은 교환해 드립니다.

이 도서의 국립중앙도서관 출판시 도서목록(CIP)은 서지정보유통지원시스템 홈페이지(http://seoji.nl.go.kr)와 국가자료공동목록시스템 (http://www.nl.go.kr/kolisnet)에서 이용하실 수 있습니다.
(CIP제어번호: CIP2018008793)